Des mêmes auteurs, aux éditions Leduc.s

*Brûle-graisses*, 2012.
*Mes petites recettes magiques aux protéines végétales*, 2011.
*Mes petites recettes magiques antidiabète*, 2011.
*Mes petites recettes magiques aux oméga 3*, 2011.
*Mes petites recettes magiques hyperprotéinées*, 2011.
*Le régime nordique*, 2010.
*Mes petites recettes magiques à l'agar-agar*, 2010.
*Verrines simplissimes à l'agar-agar*, 2008.
*Programme minceur agar-agar en 15 jours*, 2008.
*Agar-agar, la nouvelle arme antikilos*, 2007.
*Le régime express IG brûle-graisses*, 2007.
*Le régime express IG minceur*, 2007.
*Le régime IG*, 2006.



Maquette : Sébastienne Ocampo
Illustrations : Fotolia et Delétraz (p. 87)


Deuxième impression (avril 2012)
17, rue du Regard
75006 Paris – France
E-mail : info@editionsleduc.com
ISBN : 978-2-84899-535-9

ANNE DUFOUR CAROLE GARNIER

**Préface du DR PIERRE DUKAN**

# MES RECETTES MAGIQUES AU **KONJAC** ET AUX **SHIRATAKIS**

LEDUC.S ÉDITIONS

# SOMMAIRE

# PRÉFACE DU DR PIERRE DUKAN

Anne Dufour et Carole Garnier sont deux journalistes que je connais depuis bien longtemps et que j'apprécie car elles ont du flair. Elles sentent ce qui se trame et se construit dans les entrailles de la nutrition actuelle, tel un baromètre qui annonce le beau temps et les orages.

J'ai eu la chance de découvrir un aliment pauvre, le son d'avoine. Pauvre et menaçant dans un monde de pénurie où se nourrir à sa faim fut longtemps un luxe, et dans lequel un tel aliment était évité. Mais, avec l'entrée dans l'univers de l'abondance, il est devenu une véritable bénédiction pour celles et ceux dont l'équation psychologique et métabolique les conduit à grossir.

Il en va de même du konjac, cet aliment auquel Anne Dufour et Carole Garnier consacrent ce plein ouvrage. Je l'ai introduit dans ma méthode car il permet à mes lecteurs, patients et utilisateurs de ma méthode de pouvoir retrouver le plaisir des pâtes, fabriquées à partir de ce konjac. L'avantage est INOUÏ, ces pâtes sont « exemptes de calories ». Ces shiratakis de konjac sont, tout comme les 100 aliments de ma méthode, à consommer à volonté en n'importe laquelle de ses phases.

Dans cet ouvrage, Anne Dufour et Carole Garnier vous disent tout ce qui est possible sur cet aliment nouveau et magique, ses origines, sa nature, ses vertus et qualités, ses recettes, ses lieux de distribution.

Je me bats et continuerai de le faire pour que les shiratakis deviennent les pâtes de troisième génération. Les Chinois ont inventé celles de première génération. Marco Polo les a rapportées aux Italiens qui furent responsables de leur deuxième génération. Et j'aimerais, pour ceux qui redoutent l'excès de poids, que les shiratakis deviennent celles de la troisième génération.

Lisez ce livre et si vous avez besoin de maigrir ou de ne pas grossir, essayez ces shiratakis de konjac, ils sont appelés à un grand avenir.

Docteur Pierre Dukan

# ILS AIMENT LE KONJAC ET ILS NOUS DISENT POURQUOI…

**Angélique, 26 ans, aventurière culinaire**

« J'adore goûter de nouveaux aliments. À l'étranger, je fais des descentes dans les supermarchés, au restaurant je prends systématiquement les mets que je ne connais pas, rien ne me fait peur. Dans mes placards de cuisine, on se retrouve forcément nez à nez avec un truc bizarre : de la méduse séchée, de la pâte de crevette, des sauces en veux-tu en voilà… Alors évidemment, quand j'ai découvert le konjac, j'étais folle de joie à l'idée de cuisiner un nouvel ingrédient. Et j'ai adoré, surtout la forme en shiratakis (pâtes) ! J'en mets dans des soupes, j'en ajoute dans des poulets au curry, ça croque sous la dent et ça retient la sauce, c'est génial ! »

**Marine, 36 ans, l'attrait de la découverte**

« Il faut avoir goûté du konjac au moins une fois dans sa vie, c'est vraiment un aliment unique, comparable à aucun autre. Tout est "nouveau" avec lui : la texture, la saveur (neutre mais en même temps bien à lui), la couleur, l'aspect. Ça fait voyager ! Personne ne peut détester ça, comme on peut haïr le foie, les abats ou les épinards. On peut trouver ça “bof” mais pas détester, c’est impossible. Donc aucune crainte ! »

**Tomoka, 47 ans, Japonaise, fan du régime konjac… sucré**
« Le konjac gris est plus populaire dans le Sud du Japon, tandis que le blanc est davantage consommé dans le Nord. Pour ma part, j’habite dans le Sud, à 30 km d’Osaka, et j’ai une préférence pour la forme grise. Certaines familles en mangent beaucoup, d’autres moins, ça doit être comme en France avec certains légumes ou certaines viandes… La consommation varie aussi beaucoup en fonction des régions. Certains de mes amis en mettent dans quasiment tous les plats ! »

**Jason, Américain, 24 ans, pour épater**
« Pour ma première tentative, j’ai refait un truc tout simple, vu chez un pote. On plonge le bloc de konjac dans l’eau frémissante, on le tranche en petits morceaux de la taille d’une bouchée puis on le fait sauter rapidement avec les légumes de son choix. Un trait de sauce soja, de saké, un poil de sucre, de piment de Cayenne, puis des graines de sésame en décoration, blanches pour du konjac gris, noires pour du konjac blanc. On sert et ça épate tout le monde. »

**Maki, 41 ans, rusée !**
« Ma technique pour faire manger du konjac à ma famille, c’est d’en mettre quelques dés dans une soupe et de les faire mijoter quelques minutes. »

**Ubosan, 27 ans, gourmand et gourmet**
« Quand il est sauté, le konjac prend le goût de l’huile dans laquelle il est préparé. Du coup, j’adore utiliser de l’huile de sésame, très parfumée. »

**Alain, 38 ans, passé de 110 à 70 kg**

« J'ai perdu plus de 40 kg grâce au konjac. Ça a pris du temps, environ 1 an, mais je fondais chaque semaine de près d'un kilo, sans heurts, sans frustration, sans faim. Je le dis haut et fort ! D'autant plus facilement qu'à l'origine, c'est mon médecin qui m'a prescrit cette merveille : je devais prendre des gélules 30 minutes avant les repas. Je n'y croyais pas trop, ayant déjà essayé presque tous les régimes par ordre alphabétique et m'apprêtant à passer à la chirurgie gastrique, en désespoir de cause. C'est vrai, en théorie, il suffit de manger varié et équilibré et de faire du sport pour ne pas prendre de poids, pour en perdre, pour avaler suffisamment de fibres, etc. Sauf que voilà : on a beau répéter ça depuis des années, des décennies, le surpoids continue d'augmenter. Clairement, il y a donc un problème. Chez certaines personnes, ce "manger mieux et bouger plus" n'obtient pas les effets escomptés, ou est tout simplement inapplicable – pour des raisons de santé ou de frustration intense. Évidemment, il faut réapprendre à manger, évidemment il faut arrêter les frites, les glaces, les pizzas, les gratins, le gras et le sucre en quantité énorme. Mais la question est "comment ?". Croire que du jour au lendemain on peut remplacer tout ça par des carottes râpées ou des rondelles de tomate est un leurre ! Pour y parvenir, pourquoi refuser un "coup de pouce", surtout s'il est naturel et sans danger ? Le sous-entendu "il faut souffrir pour maigrir", avec ses relents judéo-chrétiens, a fait long feu. Plutôt que de laisser les gens se gaver de n'importe quel complément alimentaire, de s'inscrire à une salle de gym où ils n'iront pas, de s'affamer, de détester leur corps trop gros, de passer sur le billard pour se faire opérer de l'estomac (avec des conséquences négatives possibles sur leur bien-être, leur santé, etc.), franchement, mieux vaut leur conseiller le konjac ! »

**Myriam, 49 ans, « dans l'estomac plutôt que dans la tête »**
« La plupart des personnes en surpoids ont plus faim que les autres. Et c'était mon cas : voilà pourquoi je n'arrivais pas à maigrir, je finissais toujours par craquer et grignoter dans la journée. Des trucs horribles bien sûr. Cela n'a rien à voir avec "manger trop", "ne pas savoir s'arrêter", "grignoter sans cesse" ou "être faible, sans volonté", mais juste, cette faim. Tout le temps. Malgré une alimentation normale et suffisante. Vous vous imaginez, vous, avoir tout le temps faim ? Comme moi, vous ne penseriez qu'à ça, du matin au soir. Certains jours, vous sortez de table après avoir copieusement mangé, et à peine debout, ça recommence, cette sensation d'estomac vide, de manque. C'est physique, pas du tout psychologique. Vous avez beau savoir qu'en toute logique, votre estomac est plein puisque vous venez de le remplir. Mais non. Lui vous dit l'inverse. Contrôler l'appétit est la clé du succès pour mincir, et la plupart des patients auxquels on conseille des régimes mal équilibrés, hypocaloriques ou trop restrictifs ne peuvent tout simplement pas y parvenir car ils ont faim. Et calmer l'appétit, les shiratakis font ça très bien. J'en suis la preuve ! »

*Merci à Lise et Takahiro Arada*
*pour leurs recherches et leurs témoignages.*

# INTRODUCTION

Vous souvenez-vous des éponges magiques ? Quand vous étiez enfant, ces minuscules petites boules compactes se déployaient en magnifiques animaux ou fleurs une fois au contact de l'eau du bain. On en trouve toujours aujourd'hui, même si elles sont un peu moins à la mode. En tout cas, c'est exactement ce qui se passe avec le konjac dans votre estomac.

## Le balayeur de l'intestin

Bien avant la folie des régimes, le konjac a toujours été, traditionnellement, considéré comme un nettoyeur interne de première classe. Il « balaie » le système digestif, favorise le transit, piège les poisons et toxiques avant qu'ils n'atteignent la circulation sanguine et élimine tous ces indésirables par les voies naturelles. Heureusement, il sait se faire si doux qu'il se hisse sur le podium des aliments convoités par les infortunés possesseurs d'intestins irritables. Au-delà de cet aspect santé classique, ses propriétés minceur le propulsent désormais sous les feux des projecteurs pour une belle carrière antikilos.

## Les casquettes du konjac

Le « Régime Konjac » (*Konjac Diet*) fait régulièrement fureur au Japon. En fait, dès qu'il y a quelques kilos à perdre, le konjac n'est jamais loin de la table des Japonais. Le Régime Konjac fait d'ailleurs partie des 100 meilleures méthodes pour perdre du poids au pays du Soleil Levant, où, comme chez nous, plus d'une femme sur deux imagine, à tort ou à raison, être en surpoids ! Son atout majeur : couper la faim comme nul autre aliment. Dans la quête du Graal minceur, parmi la multitude d'aliments « miracles » prétendant à ce titre, il y a beaucoup d'appelés et peu d'élus. Et encore moins capables d'affirmer qu'ils prennent autant soin de la ligne que de la santé. Le konjac fait partie des rarissimes heureux gagnants.

## 15 bonnes raisons de manger du konjac

Vous n'avez probablement jamais entendu parler du konjac. Tout au plus vous évoque-t-il des gélules modératrices d'appétit vendues en pharmacie. Pourtant, c'est un aliment asiatique (japonais) très traditionnel qui n'a rien à voir avec une « poudre miracle chimique ». Mais pour nous, dont les papilles gustatives n'ont pas grandi avec lui, c'est avant tout un merveilleux outil pour faciliter la perte de poids.

1. **Le konjac permet de suivre un régime minceur, ne pas craquer, donc améliorer ses chances de réussite.** Rappelez-vous que 80 % des personnes qui suivent un régime minceur finissent par l'abandonner par frustration et parce qu'elles ont faim.

2. **Zéro calorie ou presque, 70 % de fibres (le reste c'est de l'eau), c'est le seul aliment que l'on peut manger en très grande quantité pendant un régime sans en subir les conséquences sur la balance !** Bien sûr, nous ne parlons pas ici des légumes de type salade, tomates, etc.

3. **Il prolonge le rassasiement longtemps après un repas.**

4. **Il aide à retrouver l'estime de soi.** On ne craque pas, donc on ne culpabilise pas : oui, je suis capable de suivre un régime et de perdre du poids, la preuve !

5. **Il empêche d'avoir faim entre les repas.** Adieu grignotages !

6. **Il laisse plus de temps au corps pour brûler ses graisses.** En effet, à chaque fois que l'on avale quelque chose, l'organisme se met en position « stockage » tandis qu'à chaque fois qu'on le laisse tranquille sur le plan digestif, il se met au contraire sur le mode « brûle-graisses ». D'où l'extrême importance de ne pas grignoter entre les repas.

7. **Il évite au corps de stocker de l'énergie.** C'est la suite logique des deux points précédents.

8. **Il permet de manger moins aux repas, donc au final, moins de calories sur la journée.** Petit à petit, cela se voit sur le tour de taille.

9. **Il aide à sortir de l'obsession de l'aliment.** On n'a plus faim, donc on pense à autre chose, on s'intéresse à autre chose. Liberté mentale et physique, nous voilà ! Car la dépendance alimentaire est une réalité ; vouloir s'en débarrasser ne suffit pas toujours, il faut parfois une aide, comme le konjac par exemple.

10. **Grâce à lui, on se sent mieux dans sa peau, mais aussi dans son système digestif** puisqu'il aide le tube digestif sur bien des plans (antidouleur, anticonstipation…), et soulage le foie de son travail.

11. **Il aide à retrouver les bonnes portions,** à ne plus manger plus que nos besoins. Petit à petit, on reprend le contrôle de notre appétit, de nos sensations, de notre corps.

12. **En remettant sur les rails nutritionnels, il contribue au retour à un bon équilibre métabolique (cholestérol, glycémie, thyroïde…)** indispensable à la santé et à la silhouette. Il pourrait aussi contribuer à faire baisser la pression artérielle (hypertension).

13. **Il participe à la prévention du diabète** car il facilite l'équilibre glycémique.

14. **Il aide à sortir (enfin !) de la spirale des régimes.** Certaines personnes vont de régime en régime pour tenter de réguler leur poids et leur appétit, sans succès. Car le régime n'est pas un gage de réussite, mais au contraire une conséquence d'un problème alimentaire et d'hygiène de vie. Exactement comme les somnifères ne sont pas les garants du sommeil : on les prend parce qu'on ne dort pas naturellement bien. Retrouver le contrôle de son assiette, de ses sensations, fait naturellement sortir de la logique des régimes.

15. **On trouve désormais facilement le konjac** sous forme de shiratakis (Monoprix, Casino), des « pâtes » à préparer en un clin d'œil à la maison.

# 38 QUESTIONS RÉPONSES SUR LE KONJAC

Le konjac appartient à la famille des aliments « bizarres » qui aident à mincir. C'est pour en savoir plus à ce sujet que vous avez acheté ce livre. Mais il ne sert pas seulement à ça, et nous espérons vous montrer ses multiples facettes pour vous décider à le tester. Partez avec nous à la découverte de ce « super-aliment » vraiment fascinant !

## Généralités et aspects diététiques

### 1. C'est quoi le konjac ?

Une plante, appelée *Amorphophallus konjac*. Sa racine est utilisée en alimentation traditionnelle japonaise depuis plus de 2 000 ans, telle quelle (comme n'importe quel légume), ou en produit transformé : konnyaku (bloc), shiratakis (pâtes)...

***Botanique : le konjac, un vrai haricot magique !***

*L'Amorphophallus* est une plante étrange. Il fait partie de la même famille que le yam, même s'ils ne partagent aucunement les mêmes propriétés. On l'appelle aussi « racine pied d'éléphant » en hommage à son rhizome tubéreux démesurément grand, sphérique, de 70 à 80 cm de circonférence, pesant

→

jusqu'à 3 à 4 kg, comme une grosse betterave, couleur mise à part ! Plus de 130 espèces différentes de konjac poussent en Asie, mais seul le Japon en consomme en tant qu'aliment. Les curieux de nature s'étonneront sans doute qu'à l'inverse des autres plantes, dont les racines partent du « pied » pour descendre sous la terre, celles de cet admirable végétal partent du « dessus » du tubercule pour former une épaisse tige.

### *Après l'éléphant, le serpent…*

Ses marbrures vertes, jaunes, blanches ou brunes lui valent cet autre surnom de « palmier serpent » : la tige ressemble effectivement à la peau écailleuse d'un serpent.

Chaque tige possède une unique feuille. Parfois, une fleur se risque à éclore avant l'apparition de la feuille. Et la plante grandit à toute vitesse… comme le haricot magique ! Elle atteint en général 1 m à 1,5 m.

### *Donnez votre âme au diable !*

Le konjac est aussi connu des Chinois que des Japonais. En Chine, où il jouit d'une grande popularité, on le trouve sous les noms de *moyu* ou *juruo* : il entre dans l'arsenal médical.

Au Japon, on le consomme principalement comme aliment. Il s'appelle tantôt konnyaku tantôt shirataki en fonction de la forme qui lui est donnée. Ses autres petits noms ? *La langue du diable* (en référence au physique assez étrange de la plante), *le lis vaudou*, et bien d'autres encore…

## 2. Sous quelle forme le trouve-t-on ?

Chez nous, on le trouve principalement sous 3 formes :

1. ***En bloc***, préparé, comme un genre de cake gélatineux, appelé konnyaku. C'est le konjac alimentaire « de base », tel

qu'employé depuis des milliers d'années par les populations asiatiques.

2. ***En vermicelles*** – un peu comme nos spaghettis – les shiratakis : c'est exactement comme le konnyaku, mais présenté différemment.

3. ***En poudre*** (en pot, gélules ou compléments alimentaires) : il est prescrit par les médecins en cas de troubles du transit (diarrhées ou constipation : c'est un équilibrant) ou de sensations de faim, de creux à l'estomac, mais on peut très bien l'acheter sans ordonnance. C'est un produit de phytothérapie, proposé par des laboratoires tout à fait sérieux. Nous détaillons cet aspect à la question 19 : « Le konjac fait-il partie des plantes qui aident à maigrir ? »

Dans ce livre, nous parlerons principalement du konjac « aliment », donc les blocs et vermicelles, les plus faciles à utiliser en cuisine.

## 3. ÇA VIENT D'OÙ ?

De nombreuses théories existent quant à l'introduction du konnyaku au Japon. L'une des plus probables raconte qu'il fut importé de Chine aux alentours du VI$^{e}$ siècle, en tant que remède médicinal. Les moines bouddhistes, qui jouaient à l'époque le rôle de médecin, lui prêtaient de nombreuses vertus comme celles de soulager la toux, de réchauffer les doigts et pieds gelés lorsqu'on les immergeait dans de l'eau chauffée avec du konnyaku, ou encore d'apaiser les brûlures en appliquant ce dernier comme cataplasme.

En 1846 fut publié un ouvrage intitulé *Konnyaku Hyakusen*, regroupant 100 recettes à base de konnyaku. Aujourd'hui encore, de nombreuses familles japonaises les cuisinent.

En 1858, le konnyaku fit le voyage jusqu'à Hawaï : les Japonais exilés là-bas ne pouvaient pas s'en passer, ils en mangeaient une ou deux fois par semaine ! Les estimations ont montré que même dans le « pire » des cas, avec une consommation estimée très basse (soit 1 plat par semaine), les Japonais avalaient en moyenne 20 g de konnyaku par jour, c'est dire s'ils en étaient fous ! Et c'est ainsi que le konjac est sorti du continent asiatique pour commencer à étendre sa popularité jusqu'à de très lointaines contrées.

Au Japon, on l'emploie aussi couramment que le tofu ou l'agar-agar*. Cet aliment basique s'est plié aux modes de vie actuels : tout en conservant son statut d'aliment familial, traditionnel, il est entré dans la composition de nombre de snackings (produits de grignotage), autrement moins caloriques que nos barres chocolatées et autres viennoiseries. Aujourd'hui, plus de 2 000 fabricants japonais proposent du konnyaku, un vrai hommage à sa popularité !

### « Des billets appétissants »

On raconte qu'afin d'éviter la contrefaçon, de la poudre de konjac était ajoutée à la monnaie japonaise, dans les années 1800. Mais les autorités changèrent bien vite d'avis parce que les rats… adoraient croquer les billets de banque au konjac !

* Voir *Mes petites recettes magiques à l'agar-agar*, des mêmes auteurs, aux éditions Leduc.s.

## 4. C'est un aliment nouveau ?

Non ! Traditionnel, naturel, empreint de culture, cet aliment santé type a traversé les siècles pour parvenir intact sur notre table d'aujourd'hui, illustrant – encore une fois – la sagesse des Anciens. Historiquement, il a toujours été employé pour « nettoyer l'appareil digestif de toutes les substances irritantes et de tous les poisons, pour le maintenir propre et sain ». Même si aujourd'hui, les études dévoilent bien d'autres propriétés bénéfiques ! Quoi qu'il en soit, le « recul » est largement suffisant pour affirmer sans l'ombre d'un doute qu'il s'agit d'un aliment sans aucun risque. Et ses propriétés coupe-faim ont été récemment validées par les autorités (voir p. 36).

La longue, très longue carrière santé du konjac a démarré il y a plusieurs milliers d'années. On trouve mention de cet aliment, sous l'appellation « *manyou-shu* », dans un vieux manuscrit du VI^e^ siècle. La terminologie « *kon-nyaku* » apparaît ensuite pour la première fois au milieu du X^e^ siècle dans les pages de la *Wamei Ruijusho*, la plus vieille encyclopédie japonaise. Il sera ensuite convoqué à de très nombreuses reprises dans la littérature japonaise, poèmes, proverbes ou légendes populaires. Nous n'avons pas pu résister au plaisir de vous faire partager deux d'entre elles.

### La légende du moine bouddhiste*

On raconte que le fondateur du domaine de Saga, Naoshige Nabeshima, fut formé dans un temple sous l'autorité d'un moine. Lorsque sa formation prit fin, il demanda au moine ce que celui-ci souhaitait comme récompense. Dans sa grande sagesse, le moine répondit qu'il souhaitait pouvoir manger du konnyaku chaque jour tant qu'il vivrait. Naoshige lui accorda ce souhait, et le moine put ainsi consommer cet aliment fétiche tous les jours jusqu'à sa mort… qui survint à un âge avancé.

---

* Tirée du livre *Hagakure*, paru en 1716.

### La légende de la femme de Kuzaemon

Au XVIe siècle, Hideyoshi Toyotomi, militaire de renom, faisait construire un château. L'un des tailleurs de pierres, Kuzaemon, fut pris de maux de ventre si douloureux que tous pensaient que ses jours étaient comptés. Désespérée, sa femme implora Dieu de le sauver. Pendant son sommeil, Dieu lui murmura à l'oreille : « Tu as montré ta piété et ton amour pour ton mari. Aussi, je vais te confier un secret qui te permettra de le sauver. » À son réveil, elle trouva à côté de son oreiller un tubercule qui lui permit de fabriquer du konnyaku. Elle en fit manger à son mari qui retrouva miraculeusement la santé.

## 5. En Europe, on en mange déjà ?

Oui, principalement sous forme d'additif ou en gélules pour mincir.

En tant qu'additif, le konjac (E 425) est très polyvalent. Liant exceptionnel, il est employé dans de très nombreux aliments liquides. C'est également un bon support d'autres additifs, un gélifiant, un stabilisant et on en passe, ce qui explique qu'on le trouve, à raison de quelques grammes par kilo de préparation, dans un panel finalement très large de produits. Comme par exemple :

- **les préparations à base de viande** (saucisses, terrines…), où il remplace le gras, favorise la tenue de la préparation, évite le dessèchement et permet un meilleur volume notamment en conservant l'eau naturellement présente dans la viande ;

- **les yaourts,** pour une texture plus « gelée » et plus dense, ou encore, dans le cas de yaourts aux fruits, pour faciliter l'incorporation des fruits et éviter leur délitement dans le yaourt ;

- **les crèmes glacées,** pour préserver leur tenue et leur texture dans le processus de surgélation ;
- **les produits de panification** (pains, brioches, gâteaux…), pour améliorer la sensation en bouche, donner davantage de volume, de moelleux et d'élasticité à la mie, ou encore remplacer les œufs ;
- **les boissons ou les aliments de régime,** pour une sensation plaisante en bouche, toujours, ainsi que pour renforcer l'apport en fibres et l'effet satiétogène (qui coupe l'appétit).

Parfaitement neutre – ce qui ne veut pas dire que les aliments dans lesquels il se trouve sont tous recommandables ! – le konjac ne présente strictement aucun risque toxicologique. Compte tenu de sa grande polyvalence, et si l'on évalue la consommation la plus « basse », les calculs statistiques montrent que les Américains en consomment en moyenne entre 0,4 et 1,2 g par personne et par jour sans le savoir. Mais tout dépend, bien sûr, des habitudes alimentaires.

*Vous utilisez déjà du konjac sans le savoir*

***Sous forme de poudre***, il épaissit les produits cosmétiques, pharmaceutiques et alimentaires. Comme il est très apaisant (le contraire d'irritant !), on l'incorpore également à de la peau artificielle pour accélérer la cicatrisation et la guérison des blessures et autres brûlures (grands brûlés). ***Sous forme liquide***, il est employé par les industriels alimentaires pour éviter la prolifération bactérienne dans certains produits très spécifiques.

→

Demain, il pourrait servir de véhicule à des médicaments car, contrairement aux autres aliments, lui se délite en dernière partie du tube digestif, c'est-à-dire dans le côlon, pas « plus haut ». Il est donc bien placé pour apaiser les côlons irritables et autres maux intestinaux.

## 6. Quelle est sa spécificité ?

Il renferme une « fibre magique » : le glucomannane. Cette fibre soluble est la plus visqueuse que l'on puisse trouver dans la nature en présence d'un liquide (eau, lait...), elle forme un gel extrêmement compact, « visqueux », très dense. Elle absorbe jusqu'à cent fois son poids en eau, ce qui est énorme, le plus grand score atteint par une fibre ! Imaginez un petit pois qui, plongé dans un saladier d'eau, grossirait cent fois. Vous y êtes ! Les conséquences sont faramineuses. D'abord parce qu'il remplit l'estomac comme aucune autre fibre (et pour zéro calorie !), ensuite parce que son gel ultra-visqueux est un véritable piège pour les graisses et sucres qui traînent dans le coin. On comprend pourquoi les scientifiques l'étudient sous toutes les coutures, pour ses bénéfices « minceur » comme « santé ». Nous avons rassemblé en annexe (p. 187) un florilège d'études consacrées au konjac/au glucomannane. Impressionnant, d'autant qu'elles n'y sont pas toutes !

### *Konjac, pectine, même combat*

Les fibres du konjac sont comparables à la pectine, que vous connaissez probablement si vous faites vos confitures ou si vous achetez des compléments alimentaires coupe-faim. La pectine est cette fibre soluble géniale tirée le plus souvent de la pomme – mais on en trouve dans bien d'autres végétaux, comme la petite peau blanche située entre la chair des agrumes (clémentine, orange, pamplemousse...) et leur zeste épais. Bien que sa structure et sa fonction soient équivalentes à celles de la

→

pectine, les performances du glucomannane (konjac) sont bien supérieures : il forme un gel nettement plus visqueux.

## 7. De quoi est constitué le glucomannane, la fibre du konjac ?

C'est un peu technique, mais intéressant. Dans le jargon scientifique, le glucomannane est ce qu'on appelle un « polysaccharide hydrocolloïdal ». Il est constitué de glucose et de mannose. Les amateurs de chimie peuvent se reporter à l'annexe Info technique (p. 196).

## 8. Le konjac peut-il être considéré comme une source de fibres alimentaires ?

Oui, au même titre que les fruits et légumes. Et comme nous consommons trop peu de fibres, c'est un bon moyen d'accéder au seuil préconisé par les nutritionnistes. En fait, le konjac est la source naturelle la plus riche en fibres. Depuis quelque temps, on parle beaucoup de Portfolio, ce fabuleux régime anticholestérol. Réunissant un panel d'aliments triés sur le volet, il doit en grande partie son extraordinaire efficacité à la place de choix occupée par les fibres solubles. Si vous suivez le régime Portfolio* (ce que nous vous recommandons vivement), le konjac est une arme de plus pour lutter contre le cholestérol.

### *Nous ne consommons pas assez de fibres !*

Selon toutes les associations médicales et recommandations scientifiques du monde entier, nous devrions en consommer dans l'idéal 30 à 35 g/jour, dont 5 à 10 g au moins de fibres solubles. Or, nous en avalons à peine la moitié. Et encore, c'est une moyenne ! De nombreuses personnes se situent bien en →

* Voir *Le régime Portfolio*, de Anne Dufour et Isabelle Delaleu, aux éditions Leduc.s.

deçà des recommandations, avec toutes les menaces sur la silhouette et la santé que cela comporte. Voilà plus de 20 ans que les nutritionnistes tentent de nous faire manger davantage de fibres, sans grand succès il faut bien le reconnaître. Le konjac représente une des sources possibles de fibres solubles. C'est largement le cas au Japon !

### *Il existe 2 familles de fibres*

***Les insolubles.*** Comme leur nom l'indique, elles ne se solubilisent pas dans l'eau (donc restent intactes), traversent notre corps sans être absorbées et finissent par « balayer » les intestins au passage : elles facilitent le transit intestinal. Il y a beaucoup de fibres insolubles dans les pruneaux, les figues et les légumes secs.

***Les solubles.*** Elles forment un gel en se mélangeant à l'eau et possèdent de nombreuses propriétés métaboliques : elles régularisent les taux de cholestérol et de sucre sanguins, tout en améliorant de nombreux paramètres santé. Le désormais célèbre agar-agar est un digne représentant de cette famille, mais on en trouve dans la plupart des fruits et légumes, les céréales complètes (surtout l'avoine et l'orge), les légumes secs (lentilles, haricots…). Cependant, agar-agar mis à part, tous ces aliments courants renferment une quantité relativement faible de fibres solubles. Le score le plus élevé revient au son d'avoine, qui en totalise 14 %. Le konjac en apporte, lui… 64 % (calculé sur la matière sèche) ! Aucun doute : c'est vraiment le roi des fibres solubles.

## 9. Le konjac est-il adapté aux végétariens ?

**Oui, il est 100 % végétal. Certains fabricants n'hésitent pas à le rebaptiser la « viande végétarienne », bien qu'il ne contienne pas de protéines ! Et puisque nous abordons le cas des régimes « spé-**

ciaux », précisons que le konjac est compatible avec une alimentation halal (musulmans) ou casher (juifs), ainsi qu'avec les régimes hyperprotéinés.

## 10. Le konjac contient-il du gluten ?

Pas du tout ! Il est donc évidemment attractif pour tous les intolérants au gluten, un composé naturellement présent dans le blé et d'autres céréales, telles que le seigle et l'orge.

### *29 mai : c'est la fête du konnyaku !*

Konnyaku no Hi

En japonais, 5/29 (29 mai) se dit « Go Ni Kyuu », un jeu de mot intraduisible en français, avec « Ko Ny aKu ». Il n'en fallait pas plus pour que les fabricants de konnyaku déclarent ce fameux jour de mai « fête du konnyaku » ! Sans compter que konnyaku signifie aussi « fiançailles » en japonais. D'ici à ce que ces professionnels sponsorisent tous ceux qui se fiancent le 29 mai en leur offrant des blocs de konjac…

Cela dit, selon le même principe, il y a déjà la fête de la viande le 9 février, celle du tofu le 10 octobre, et beaucoup, beaucoup d'autres encore ! Du coup, quelques bloggers malins du Soleil Levant ont décidé que chacun avait droit à « son » jour pour « son » plat préféré. Quel est le vôtre ? Vous imaginez le 25 novembre, fête du pot-au-feu, le 5 juin, fête du steak-frites ou le 3 juillet, fête des coquillettes ? Plutôt amusant, après tout !

## 11. Le konjac peut-il être allergisant ?

Non. En tout cas moins que la plupart des aliments ! En effet, il ne contient ni protéine, ni levure, ni maïs, ni blé, ni soja, ni œuf, ni lait (ou lactose), ni fécule (amidon), ni aucun additif (pas de colorant, d'arôme, de conservateur ni de parfum quelconque). En fait, mieux que cela, les scientifiques ont découvert qu'il renfermait certaines molécules, les glycosylcéramides, bénéfiques pour les patients souffrant de peau atopique et d'eczéma ! Les études dans ce domaine étant tout à fait probantes, il y a de fortes chances qu'il fasse parler de lui dans les quelques années à venir comme « antiallergique pour la peau ».

### *Conseils de mamans d'enfants allergiques*

Une astuce que les mamans d'enfants allergiques aux œufs s'échangent entre elles : elles réalisent des gâteaux ou des muffins sans œufs en remplaçant 2 œufs par 1,5 g de poudre de konjac et 120 ml d'eau.

## 12. Les femmes enceintes ou allaitantes peuvent-elles consommer du konjac ?

Elles mangent du konnyaku depuis toujours en Asie sans que cela semble affecter en rien la bonne santé de leurs petits. Par ailleurs, des travaux montrent l'innocuité du konjac sur les enfants, même très jeunes, dans le cadre d'études portant notamment sur le transit intestinal. Cependant, par précaution, il est d'usage, en Occident, de déconseiller la consommation de toute substance n'ayant pas fait formellement la preuve de son innocuité pendant la grossesse et l'allaitement. Encore faudrait-il mener des études sur ce thème, ce qui n'est pas prévu à notre connaissance. En tout cas, rappelez-vous qu'il est exclu de commencer un régime pendant une grossesse ou juste après, donc la question de l'utilisation du konjac dans un objectif minceur ne se pose même pas.

# Konjac, kilos attack

## 13. Comment peut-il aider à maigrir ?

C'est un coupe-faim exceptionnel. Il joue même si bien ce rôle que certains gourmands se désespèrent de ne plus ressentir ce désir de manger, lequel, pourtant, cause leur « perte » ! Rassurez-vous : l'appétit revient dès que vous cessez de consommer du konjac.

Par ailleurs, il réduit et ralentit le passage du sucre dans le sang. Les chercheurs ont montré que si l'on mélange 4 g de glucomannane (fibres du konjac) à l'alimentation, on divise par 2 le pic glycémique, c'est-à-dire la montée de sucre dans le sang. Or, tous les nutritionnistes cherchent à contrôler ce paramètre, car plus le taux de sucre sanguin grimpe, plus le corps met en réserve, et plus on grossit ! Maîtriser sa glycémie est, par conséquent, LE challenge pour parvenir à perdre du poids et… à ne pas en reprendre. Le konjac est donc un outil minceur polyvalent, agissant sur les 2 facteurs principaux de prise de poids : l'appétit et le contrôle du sucre sanguin.

## 14. Empêche-t-il de grignoter ?

Si vous grignotez parce que vous êtes en hypoglycémie, donc pour des raisons physiologiques, oui. Vous n'aurez franchement pas faim, l'idée même de grignoter ne vous viendra pas à l'esprit. En revanche, si vous grignotez par habitude, parce que vous êtes énervé ou pour toute autre raison que la faim, non. Dans ce cas il s'agit d'un problème plutôt comportemental, sans grand rapport avec vos habitudes alimentaires. Le konjac ne supprime pas l'envie de gras, de sucré ni les compulsions alimentaires dues au stress.

## 15. Est-il calorique ?

Non ! C'est pour cela que les shiratakis de konjac sont surnommés « les pâtes sans calories ». Quelle que soit sa forme (poudre, bloc, vermicelles...), il est quasiment dépourvu de calorie. Pour être précis, il renferme 3 calories/100 g. Soit beaucoup, beaucoup moins que le moins calorique de tous les aliments que nous connaissons, à savoir le concombre (10 calories/100 g). C'est évidemment pourquoi il est le bienvenu dans tous les régimes minceur, y compris le plus strict des régimes hyperprotéinés. On l'adore notamment sous forme de « pâtes » (shiratakis) alors que les « vraies pâtes » sont strictement interdites pendant un régime hyperprotéiné : il sauve ainsi de la frustration bien des candidats à la minceur, notamment des hommes, fous de pâtes, qui ne peuvent tout simplement pas s'en priver.

## 16. Empêche-t-il d'absorber des calories ?

Oui. Comme il piège des sucres et des graisses, il élimine un certain nombre de calories qui vous narguent dans votre assiette. On pourrait presque dire qu'il renferme « moins XX calories » ! En outre, certaines études indiquent que grâce aux fibres solubles, on peut espérer consommer entre 30 et 180 calories de moins au quotidien. C'est énorme, rapporté à une année ! Si on s'amuse à taper ces chiffres sur la calculette, cela donne 10 950 calories en moins (fourchette basse, la plus « pessimiste ») mais... 65 700 pour le score le plus optimiste, c'est-à-dire avec les fibres les plus performantes ! Ce qui correspond à une perte de 1,5 kg (seuil bas, toujours) à... 9 kg, sans rien faire d'autre que de prendre des fibres solubles ! Pas mal tout de même, non ?

Tout ceci n'a rien de théorique, la preuve a été apportée, entre autres, par cette belle étude, au cours de laquelle des patients obèses ayant pris 1 g de glucomannane avant chaque repas pendant 8 semaines, ont perdu 2,5 kg. Les chercheurs leur avaient expressément demandé de ne rien modifier à leurs habitudes alimentaires ni de faire plus d'activité physique. Le seul changement était la prise de ce petit gramme avant de passer à table ! Alors vous imaginez si on associe une alimentation équilibrée, calibrée, conçue sur mesure pour la silhouette, comme c'est le cas dans ce livre ! Sans même parler de ceux qui vont en profiter pour se mettre au sport, ce que nous encourageons vivement.

## 17. Quel rapport entre sa fibre « magique » et le surpoids ?

Les recherches ont prouvé que plus une fibre était visqueuse, plus elle parvenait à maîtriser le taux de sucre sanguin (glycémie), facteur clé pour ne pas prendre de poids et pour perdre ses kilos en trop. Bien évidemment, cette géniale propriété concerne en tout premier lieu les diabétiques, pour qui le konjac semble véritablement conçu sur mesure. Cependant, si vous êtes diabétique, lisez notre mise en garde p. 43 : le konjac est si puissant que vous ne devez pas en consommer à la légère !

### « Le chaînon manquant pour un régime efficace »

Pour le Dr Jonathan Carp*, aucun doute : le konjac, tout particulièrement sous sa forme de « pâtes » (shiratakis) est carrément « le chaînon manquant pour un régime efficace ». Le médecin considère en effet que les fibres solubles constituent la seule solution pour apaiser la faim (l'ennemie n° 1 des régimes) et que malheureusement, notre nourriture occidentale nous permet rarement d'atteindre notre « quota » de ces fameuses fibres. Ou alors par le biais d'aliments assez caloriques, tels que l'avoine, les légumineuses, le riz ou autres céréales, qui, consommés en

→

excès, présentent l'inconvénient de menacer la silhouette. Énigme insoluble ? Pas du tout, car selon le Dr Carp, « l'alimentation asiatique propose, elle, des aliments à la fois riches en fibres solubles mais pauvres en calories. Et le meilleur de tous n'est autre que les pâtes de konjac (shiratakis), lesquelles pour presque zéro calorie fournissent une quantité surprenante de fibres solubles ». Au cas où vous n'auriez pas encore bien saisi tout l'intérêt de la chose, il enfonce le clou : « Avec cet aliment, vous allez réduire sensiblement votre apport calorique tout en augmentant votre consommation de fibres. » Dans ces conditions, plutôt facile d'atteindre son but minceur !

* Médecin américain, auteur de nombreuses newsletters sur le thème de l'alimentation et de l'hygiène de vie.

## 18. Peut-il aider à ne pas grossir quand on arrête de fumer ?

Oui ! C'est précisément ce qui est arrivé au mari d'une jeune femme américaine qui, depuis, ne jure plus que par le konjac. Après avoir stoppé la cigarette, le monsieur a pris… 35 kg ! Pour s'en débarrasser, il a cherché toutes sortes de méthodes, sans succès. Son gros problème : il adore les pâtes. C'est finalement grâce aux pâtes de *konjac*, les *shiratakis*, qu'il a réussi à se débarrasser peu à peu de son surpoids sans frustration. Plutôt facile, quand on sait qu'une part de *shiratakis* apporte 6 calories contre 200 calories pour une part de pâtes « normales » !

Pour être tout à fait honnête, les *shiratakis* ne ressemblent que de très loin aux plats fumants de la mamma italienne, ils se rapprochent davantage des vermicelles de soja asiatiques. Mais qu'importe ! La forme compte aussi, et même, pour ce monsieur, davantage que le goût : à la première bouchée, il a adopté le principe et s'est habitué à la texture. Du coup, devenu fou des aliments à base de konjac, il a fait part de son expérience dans la presse. Résultat : rupture de stock chez les fabricants, une demande exponentielle, des délais d'attente interminables... Une vraie *success story* !

## 19. Le konjac fait-il partie des plantes qui aident à maigrir ?

Oui, exactement. Il est d'ailleurs proposé à la vente pour cette indication, aux côtés d'autres plantes minceur. Voici les principales familles de la phytothérapie antikilos.

### Les « modérateurs d'appétit »

Le konjac ouvre le bal, ses propriétés sont indéniables. Mais d'autres calment aussi les appétits d'ogre, un coup de pouce bien utile quand le surpoids est lié à un (trop) bon coup de fourchette. On les trouve le plus souvent sous forme de gélules mais aussi sous forme d'infusion ou de décoction, comme les carraghénanes, des extraits d'algues bien sympathiques et bien coupe-faim !

Dans la famille « fibres solubles », le psyllium caracole également en bonne place, de même que le guar, les pectines ou le fenugrec, mais le glucomannane du konjac reste le plus gélifiant et le plus émollient (adoucissant). Conformez-vous exactement à la posologie précisée par le fabricant sur la boîte, ou à la prescription de votre médecin.

### Les 4 meilleures plantes « coupe-faim »

**1. Le konjac**

Il bat tous les records de « POS (Plan d'Occupation des Sols) dans l'estomac ». Ses index et charge glycémiques sont ridiculement bas.

**2. L'agar-agar**

D'accord, ce n'est pas une plante terrestre, mais marine : il est extrait d'une algue ! Ça marche, et c'est très ludique : vous pouvez l'utiliser dans d'innombrables recettes ultra-simples et ultra-rapides.

**3. La caroube**

Ses graines renferment des fibres qui agissent toujours selon le même principe : elles gonflent dans l'estomac.

**4. Le kudzu**

Il possède naturellement des molécules qui aident au sevrage (tabac, alcool). À ne pas confondre avec le yuzu, admirable citron japonais !

### Les plantes « brûle-graisses »

Elles ne brûlent pas les graisses comme une bûche dans une cheminée, certes. Mais elles favorisent le largage des graisses de réserve par nos capitons, ce qui n'est pas une mince affaire, hors de tout jeu de mot. Elles sont donc précieuses pour booster le régime, constater au plus vite les résultats, fondre sans fatigue. Certaines sont particulièrement riches en caféine, dont l'activité brûle-graisses n'est plus à démontrer, d'autres ont d'autres arguments tout aussi probants.

### Les 4 meilleures plantes « brûle-graisses »

**1. Le café**

Sa réputation n'est pas usurpée : il donne la pêche et sa caféine augmente le métabolisme de base. Il possède également un effet diurétique. Méfiez-vous si vous êtes sensible à la caféine : 1 seule tasse peut vous énerver.

**2. Le guarana**

Aucune autre plante n'est aussi riche en caféine. Elle en renferme bien plus que le café ! Le guarana donne une sacrée pêche (presque trop pour certains !). Personnes sensibles à la caféine, s'abstenir.

**3. Le maté (yerba)**

Il renferme de la matéine, une substance comparable à la caféine. En Amérique du Sud (Argentine, Brésil, Chili), c'est une institution. Comme chez nous le thé ou le café. Mais on aime ou on n'aime pas. Essayez, c'est très convivial, ça se boit à plusieurs !

**4. Le thé vert**

Sa teneur en caféine douce (théine) s'associe à d'autres composants minceur. Il protège la santé et lifte l'humeur. Et c'est bon !

### Les plantes antirétention (= drainantes ou diurétiques)

Elles drainent, nettoient, éliminent, ce sont les « techniciennes de surface » de l'organisme. Elles sont idéales pour les personnes qui ont tendance à gonfler, faire de la rétention d'eau, souffrir de jambes lourdes, de doigts « boudinés ». Mais elles sont également bienvenues lors d'un régime minceur, même si l'on n'est pas sujet à la « gonflette » : dans ce cas, elles favorisent l'élimination de tous les déchets métaboliques mis en circulation durant le régime. C'est important, d'autant qu'un excès de « pollution interne » peut compromettre l'efficacité minceur de tout régime.

### Les 4 meilleures plantes diurétiques

**1. La bardane**
Elle est aussi remarquablement efficace contre l'acné.

**2. Le cassis**
Il est anti-inflammatoire.

**3. La reine-des-prés**
Elle est antidouleur.

**4. Le thé vert**
Il est bourré d'antioxydants. Sa teneur en caféine (théine) en fait un incontournable aide-minceur.

## 20. Ses propriétés « coupe-faim » ont-elles été validées par les autorités ?

Mieux que cela. Parmi les très nombreuses demandes de la part des industriels auprès des autorités européennes pour pouvoir indiquer une allégation « perte de poids » sur leurs produits, le konjac est la SEULE substance présentant suffisamment de garanties et de preuves d'efficacité coupe-faim. C'est donc la seule à avoir été reconnue par les experts comme suffisamment efficace et ayant des arguments forts pour le prouver (en dehors du régime hypocalorique et des substituts de repas) !

| ALLÉGATION « PERTE DE POIDS » AUTORISÉE OU NON ? |
|---|
| – Acide chlorogénique : non |
| – Alpha-cyclodextrin : non |
| – Calcium : non |
| – Catéchines de thé vert : non |
| – Chitosan : non |
| – CLA (acide linoléique conjugué) : non |
| – DHA : non |
| – Édulcorants intenses (« faux sucres ») : non |
| – EGCG (polyphénols du thé vert) + caféine (café) : non |
| – Fibre de son de blé : non |
| – **Glucomannane (Konjac) : accepté** |
| – Gomme guar partiellement hydrolysée : non |
| – Gomme xanthane : non |
| – Phaseolamine : non |
| – Protéines : non |
| – Protéines de lactosérum : non |
| – **Régime hypocalorique (450 à 800 cal) : accepté** |
| – **Substituts de repas : accepté** |
| – Triglycérides moyenne chaîne : non |

# Konjac et santé

## 21. Quels sont les effets du konjac sur le système digestif ?

Le konjac régularise le transit. Pour parler concrètement, il rend les selles plus fermes (si diarrhées) ou plus aqueuses (si constipation) et régulières. Si sa réputation populaire de « nettoyeur intestinal » n'est pas usurpée, on oublie souvent qu'il peut aussi aider les personnes atteintes de diarrhées chroniques. De récents travaux révèlent que le konjac joue également le rôle de prébiotique, c'est-à-dire qu'il renferme une fibre très bénéfique pour la flore intestinale. Les prébiotiques constituent en effet la nourriture préférée de certaines gentilles bactéries digestives, en charge de notre digestion et responsables de 80 % de notre immunité ! On le sait depuis des années maintenant : un intestin en bonne santé est indispensable pour rester en forme et se protéger des infections ainsi que d'autres maladies. Les prébiotiques sont activement étudiés par des centaines de chercheurs en ce moment même, en raison de leur extraordinaire potentiel bénéfique. N'oublions pas que notre système immunitaire est garant de notre vie, et même de notre survie : à chaque seconde de notre existence il nous protège, tant des petites blessures que des graves affections telles que le cancer, les infections ou les maladies virales. Les prébiotiques ne sont pas de trop pour l'aider dans sa tâche colossale !

*Plus c'est petit, plus c'est actif !*

Lorsqu'on « découpe » le konjac en minuscules molécules, selon un processus industriel précis appelé « *cracking* », ses effets prébiotiques sur les géniales bifidobactéries ou les non moins fabuleux lactobacilles sont largement augmentés. Des études sont en cours, mais d'ores et déjà, parions que le konjac fera partie, demain, des ingrédients santé de l'intestin. *(Source : Kalys)*

## 22. J'ai du cholestérol, est-ce que je peux prendre du konjac ?

Oui, c'est même conseillé puisque le konjac aide à le faire baisser ! De nombreuses études l'ont prouvé encore récemment, venant confirmer de plus anciennes déjà positives.

Le konjac fait principalement baisser le taux de mauvais cholestérol (laissant quasi intact celui du « bon ») ce qui non seulement permet mathématiquement de faire baisser le taux global de cholestérol, mais en plus améliore le ratio bon/mauvais, objectif désormais prioritaire des médecins.

Pour avoir un ordre d'idée des résultats obtenus, une des études montre qu'en consommant 10 g de glucomannane (fibres de konjac) par jour, on observe une baisse moyenne du taux de cholestérol d'environ 11 % en 3 semaines, ce qui est très bien ! Et si, en plus, on associe au glucomannane 1,8 g de phytostérol (composé naturel anticholestérol présent dans certaines plantes et qui aiderait, en outre, à réduire l'hypertrophie bénigne de la prostate), la baisse de cholestérol atteint 17 % ! Par ailleurs, autre bonne nouvelle pour le cœur, le konjac diminue le taux de triglycérides. Cependant, ces informations ne sont là qu'à titre indicatif : 10 g de glucomannane par jour, c'est beaucoup, ne vous lancez pas dans une telle automédication sans l'avis de votre médecin ou de votre pharmacien.

## 23. Je veux maîtriser mon taux de sucre sanguin, le konjac peut-il m'aider ?

Oui. Maîtriser son taux de sucre sanguin (glycémie) est un enjeu majeur pour la santé et la silhouette. On sait aujourd'hui qu'une glycémie déséquilibrée ouvre la porte à des troubles du comportement alimentaire, via les hypoglycémies, donc les fringales, alternées avec des hyperglycémies, donc des moments de « super-stockage ». Mais, pire encore, un taux de sucre sanguin mal équilibré accélère le vieillissement et brusque notre métabolisme, avec des conséquences sur l'ensemble de nos organes, aussi bien les yeux que le cœur. Les diabétiques le savent bien, mais cette remarque est valable pour tout un chacun, diabétique ou non ! Par ailleurs, certaines personnes souffrent parfois de déséquilibre glycémique suite à une intervention chirurgicale (notamment de l'estomac) : le konjac pourrait leur être utile, selon les spécialistes (à voir avec votre médecin).

Cependant, soyez prudent si vous prenez déjà des plantes aux mêmes propriétés, comme le fenugrec, l'éleuthérocoque, le gingembre (à très haute dose), le ginseng ou le kudzu. Toutes sont intéressantes et utiles, mais n'oubliez pas que leurs effets sont susceptibles de s'additionner à ceux du konjac. Soyez prudent et ne consommez pas vos plantes n'importe comment sous prétexte que « c'est naturel ». C'est aussi et surtout très efficace, très puissant ! Et si vous êtes diabétique sous traitement, reportez-vous impérativement à notre mise en garde p. 43.

### Les fibres du konjac fournissent de l'acétate

En fermentant dans notre intestin, les fibres du konjac produisent trois acides gras dits « à chaînes courtes » : un peu d'acide butyrique (anti-inflammatoire, anticolite et anticancer du côlon), beaucoup de propionate (qui fournit de l'énergie et aide à équilibrer la glycémie, spécialement chez les diabétiques) et une grande quantité d'acétate (effets bénéfiques comparables au propionate, mais qui augmente encore plus la gestion de l'équilibre de la glycémie, et donc vivement recommandé aux diabétiques comme aux non diabétiques). Nous sommes loin de l'ère, pas si ancienne, où les nutritionnistes nous disaient que les fibres « comptaient pour rien ». Au contraire, elles jouent des rôles extrêmement importants pour notre métabolisme, et fournissent même, en se transformant dans notre corps, de l'énergie. Chose encore impensable il y a quelques années ! De plus, les fibres dites « fermentables », dont celles du konjac, semblent avoir un impact non négligeable pour aider à prévenir les maladies cardiaques, divers cancers et plusieurs maladies métaboliques (hypertension, diabète…).

***L'activité physique pour faire baisser le taux de sucre sanguin !***

L'une des meilleures façons de maîtriser sa glycémie, c'est de faire suffisamment d'activité physique. Les muscles sont de gros consommateurs de glucose (sucre) : ils le brûlent, empêchant son stockage sous forme de graisses. Le sport, comme le simple fait de marcher et d'être plus « actif » au quotidien, fait toute la différence. Si vous cherchez à perdre du poids et à protéger votre santé, inutile de se voiler la face : vous ne pourrez pas faire l'économie d'une paire de baskets ou d'un maillot de bain !

## 24. Peut-il prévenir le diabète ?

Certainement pas à lui tout seul, mais il fait effectivement partie des outils possibles de la panoplie « antidiabète ». Ne serait-ce que parce qu'il s'agit d'une fibre soluble, précieuse pour aider à équilibrer le taux de sucre dans le sang. Des études ont montré qu'il améliorait la sensibilité à l'insuline, c'est-à-dire que grâce à lui les cellules utilisaient mieux le sucre, sans que le pancréas n'ait besoin de fabriquer de grandes quantités d'insuline, un des points clés de l'installation du diabète. Les résultats « antidiabète » seraient encore plus probants lorsqu'on associe le konjac au ginseng. Par ailleurs, son aptitude à réduire l'appétit empêche de glisser sur la pente du surpoids, facteur n° 1 d'apparition du diabète.

Cependant, il est hors de question de considérer le konjac comme un ingrédient miracle mettant à l'abri de tout, y compris du diabète ! Prévenir cette maladie (le diabète de type 2) est possible dans la plupart des cas, tous les médecins et diabétologues le savent. Mais c'est avant tout par le biais d'une bonne hygiène de vie (assiette équilibrée, pratique régulière d'une activité physique) qu'il faut envisager une stratégie véritablement efficace dans ce domaine.

Le konjac peut faire partie de l'arsenal « antidiabète », mais misez avant tout sur les fruits et légumes, l'alimentation variée, légère et équilibrée, le contrôle des graisses et des calories. Et investissez dans une paire de bonnes chaussures pour marcher d'un pas alerte et guilleret, au minimum une petite heure par jour. Maillot de bain, club de golf, raquette de ping-pong, carte d'abonnement au club de gym, ballon de volley ou vélo bienvenus !

### On ne joue pas avec sa glycémie !

La glycémie, c'est-à-dire le taux de sucre dans le sang, n'est pas un jeu de yo-yo. Il ne s'agit pas d'essayer de la faire baisser au maximum, mais de la maintenir dans un équilibre satisfaisant. Si vous prenez déjà des plantes pour faire baisser votre glycémie, comme par exemple du fenugrec, du gingembre en grande quantité, de l'éleuthérocoque ou du ginseng, pensez que le konjac va venir additionner ses effets de réducteur de glycémie. À force, cela peut provoquer des hypoglycémies, désagréables pour tous, et carrément dangereuses pour les diabétiques.

## 25. Peut-il soigner le diabète ?

Non, non et non ! Il peut aider à équilibrer la glycémie, dans le cadre d'une hygiène de vie adaptée, on l'a dit. Mais il ne remplace en aucun cas vos médicaments si votre médecin vous a prescrit un traitement. En abaissant le taux de sucre dans le sang, les effets du konjac peuvent cependant s'ajouter à ceux des médicaments. Si vous souhaitez associer les deux, le minimum est d'en parler avec votre médecin pour ajuster ensemble les dosages, tout en restant bien attentif aux réactions de votre organisme.

***Diabétiques sous traitement, merci de lire cet encadré !***

Attention, le konjac peut augmenter l'efficacité des médicaments suivants, puisque l'un et l'autre œuvrent pour baisser votre glycémie :

- Amarel® (glimepride)
- Daonil® (glibenclamide)
- Glibénèze® (glipizide)
- Glucophage® (metformin)
- Diamicron® (gliclazide)
- Januvia®, Galvus®, Onglyza® (gliptines)

N'en prenez pas inconsidérément ni sans l'avis de votre médecin !

## 26. Si j'ai un problème de thyroïde, je peux quand même en manger ?

Oui ! Il semble même que le konjac puisse vous aider, en complément de votre traitement, à retrouver l'équilibre hormonal. Une étude récente conclut que lorsqu'on ajoute du glucomannane au médicament classiquement prescrit pour traiter une hyperthyroïdie, les hormones reviennent plus vite à leur taux normal.

## 27. Y a-t-il des personnes qui ne peuvent pas consommer de konjac ?

Surtout sous forme de poudre (très concentrée), le konjac est contre-indiqué chez les personnes souffrant d'occlusion du tube digestif. Par ailleurs, si vous êtes sous traitement et que vous souhaitez prendre du konjac, ne le faites pas seul, sans en parler avec votre médecin. Dans tous les cas il est recommandé d'espacer la prise de médicament et de konjac d'au moins 2 heures (par exemple, médicament à midi, konjac à 14 heures, ou l'inverse).

# À propos du konnyaku (bloc de konjac alimentaire)

## 28. Qu'est-ce qu'il y a dedans ?

Sous sa forme humide (konnyaku), le konjac est constitué d'eau à 97 %. Les 3 % restants sont des fibres solubles, et rien d'autre. Pas de protéines, pas de sucre, pas de graisse ! En fait, sa composition nutritionnelle n'a rien d'exceptionnel, et n'espérez pas y puiser la moindre vitamine ou le plus petit oligo-élément. Seules ses fibres extraordinaires possèdent de nombreuses propriétés santé et minceur avérées, prouvées par de multiples études scientifiques.

### Décryptage d'une étiquette

1. ***Serving size : 62,5 g*** – une portion « normale » représente 62,5 g.
2. ***Servings per container : 4*** – un paquet contient 4 portions. À raison de 4 fois 62,5 g, nous retrouvons bien notre bloc de 250 g.
3. ***Calories : 0*** – oui, vous avez bien lu, zéro calorie.
4. ***Total fat : 0 g*** – pas de lipides. Rien. Ni acide gras saturé, ni acide gras trans, les plus mauvais.
5. ***Cholesterol : 0 mg*** – toujours rien.
6. ***Sodium : 5 mg*** – 5 mg de sodium, soit vraiment pas grand-chose. À titre de comparaison, c'est la quantité qu'on trouve dans 100 g de tomates. Le lait demi-écrémé en contient 45 mg, le saumon fumé 1 200 mg, le jambon sec 2 700 mg.
7. ***Total carbohydrate : 1 g*** – parmi les sucres totaux, le konnyaku contient 1 g de sucre. Soit 1/6$^{e}$ d'un carré de sucre classique.
8. ***Protein : 0 g*** – pas de protéines non plus.
9. ***Total fat, sat fat…*** – rappel des quantités « normales » pour des alimentations à 2 000 calories, ou à 2 500 calories (en fonction de l'activité physique).

10. ***Vitamin A, calcium, vitamin C, iron*** – pas la peine de compter sur lui non plus pour apporter des vitamines A et C, du calcium ou du fer…
11. ***Yam flour (farine d'igname)*** – le konnyaku fait bien partie de la famille de l'« igname » ou du « yam », mais en anglais c'est le nom que prend souvent notre brave « Amorphophallus konjac ».
12. ***Calcium hydroxyde (hydroxyde de calcium)*** – eau de chaux.

## 29. Comment les fabricants font-ils du konnyaku ?

La racine de la plante est cuite, séchée, moulue pour obtenir de la farine de konjac. Elle est ensuite mélangée à de l'eau de chaux, *kalkwasser* ou *limewater* (sur les étiquettes : hydroxyde de calcium), c'est-à-dire du calcium extrait de coquilles d'œufs et de l'eau afin d'obtenir une texture de type « gelée coagulée » et de contrecarrer l'amertume naturelle du végétal. Le mélange est enfin mis à bouillir, refroidi puis présenté en bloc tel que nous l'achetons au final. C'est tout. Avec les ingrédients nécessaires, vous pourriez fort bien fabriquer votre propre konnyaku à la maison ! Mais honnêtement, cette formule « *do-it-yourself* » est difficilement envisageable : il faut déjà se procurer les ingrédients et avant d'avoir le « tour de main » nécessaire pour ne pas obtenir un konnyaku trop mou ou au contraire trop dur, un sacré entraînement serait nécessaire...

## 30. Y a-t-il une dose à ne pas dépasser ?

Sans doute, comme pour tout aliment. Même l'eau finit par causer de graves problèmes si on en abuse ! Cependant, les études indiquent que le glucomannane (la fibre du konjac) ne cause aucun effet désagréable si l'on reste sous le seuil de 2,5 % de l'alimentation. Sachant que les blocs de konjac et les shiratakis renferment près de 97 % d'eau gélifiée pour une infime part de glucomannane, vous avez de la marge avant de risquer quoi que ce soit : il faudrait en avaler des paquets entiers, et encore ! Ce qui est rigoureusement impossible, étant donné les effets foudroyants sur l'appétit (voir p. 29). Donc aucune crainte à avoir.

## 31. Y en a-t-il au menu des restaurants japonais ?

Mais oui ! Certes, c'est nettement moins répandu que les sushis, sashimis et autres yakitoris et il ne faut pas espérer pouvoir en dénicher sur le menu d'un restaurant classique, ni encore moins chez un traiteur qui vend des plateaux prêts à emporter. Mais en cherchant un peu on en trouve ! Nous avons ainsi pu en déguster, en guise d'entrée, dans un restaurant parisien. Coupé en triangles, notre konnyaku était servi froid, flanqué de tronçons de radis daikon cuit vapeur, tous deux nappés de sauce miso (sauce soja fermentée, assez épaisse et légèrement sucrée) et parsemés de graines de sésame. En fait, les restaurants japonais « familiaux » qui proposent une cuisine traditionnelle servent régulièrement du konnyaku. Petit indice : ce sont aussi ceux qui servent des plats traditionnels chauds, comme des *okonomiyaki*, des sortes de petites crêpes au porc, des *tonkatsu*, porc pané, ou encore des poissons grillés. Et si rien de tout cela n'apparaît sur la carte, personne ne vous empêche de poser la question. Si ça se trouve, le cuisinier a du *konnyaku* dans sa réserve...

## 32. Combien ça coûte ?

Entre 2 € et 2,50 € le bloc de konnyaku ou le paquet de shiratakis, dans les épiceries japonaises (et depuis peu dans certaines grandes surfaces pour les shiratakis). Une excellente affaire puisqu'un bloc cuisiné nourrit facilement 4 personnes. Et carrément une affaire record comparée au prix des préparations minceur disponibles sur le marché. Vous en trouverez également en vente par correspondance sur les sites :

- www.legoutdumonde.ch : site suisse, expéditions principalement en Suisse, France, Italie et Luxembourg ;
- www.sushiboutique.fr : site basé en France, spécialisé dans l'importation d'ustensiles de cuisine et d'ingrédients japonais ;
- www.kioko.fr : site de la boutique Kioko, basée à Paris.
- www.satsuki.fr : site spécialisé dans la cuisine japonaise.
- www.maboutiqueregimedukan.com : la boutique en ligne du docteur Dukan, qui a fait entrer le konjac dans la liste des aliments à consommer « à volonté » dans sa méthode.

## À propos du konjac en poudre (gélules, en vrac, compléments alimentaires...)

### 33. Le konjac a-t-il fait l'objet d'études scientifiques ?

Oui, à de très nombreuses reprises ! Il a été testé, disséqué, associé à d'autres fibres, à d'autres molécules, découpé en rondelles, observé au microscope... De multiples travaux ont été entrepris pour vérifier son efficacité, aussi bien en laboratoire (éprouvettes) que sur des animaux et sur des êtres humains. Aucun effet secondaire n'a été rapporté. Seulement des effets bénéfiques ! Nous en avons rassemblé une petite sélection parmi les plus récentes en fin d'ouvrage (p. 187). La première étude aurait été publiée dans une revue médicale en 1942.

### 34. Y a-t-il une dose à ne pas dépasser ?

Comme nous l'indiquons p. 30, la quantité de glucomannane ingérée doit rester en deçà de 2,5 % de notre alimentation totale. Sous forme sèche (poudre, gélule), le konjac est forcément beaucoup plus concentré en glucomannane que sous forme de konnyaku ou de shiratakis. D'autant que la poudre est une forme *purifiée* de konjac, donc encore plus riche en principes actifs. Les fabricants recommandent de mélanger 1 à 2 g de poudre dans de l'eau (ou d'avaler une gélule) 30 minutes avant les repas, et de boire rapidement sans attendre que le mélange se solidifie. Vous pouvez également l'utiliser en cuisine, comme liant dans les sauces, les flans et autres, mais les ajustements de dosage ne sont pas très faciles, c'est pourquoi nous avons choisi de vous proposer uniquement des recettes à base de blocs de konjac et surtout des shiratakis.

En tout cas, respectez les dosages, en particulier ne dépassez jamais les doses employées lors des études ! Habituellement, pour perdre du poids, il est recommandé de prendre entre 2 et 4 g (6 g grand maximum) de glucomannane par jour avec un grand verre d'eau. N'ayez aucune crainte de « blocage dans la gorge » : la poudre se dilue exclusivement dans l'estomac, il n'y a pas le moindre risque. Et soyez rassuré : aucune étude ne mentionne un quelconque effet adverse en cas de prise de konjac. Mais pour une sécurité maximale, répétons-le : ne dépassez en aucun cas les dosages suivis lors des études, classés dans le petit tableau ci-après.

| QUEL EFFET RECHERCHEZ-VOUS ? | QUEL DOSAGE ? | REMARQUES |
|---|---|---|
| **Anticholestérol** | 3,9 g, 1 fois par jour | Mangez davantage de fibres, de fruits, de légumes, d'amandes, de légumineuses. |
| **Antidiabète** | 3,6 à 7,2 g, 1 fois par jour | Équilibrez l'ensemble de votre assiette, faites de l'exercice physique ! Avis médical INDISPENSABLE si vous êtes déjà sous traitement. |
| **Anticonstipation** | 3 à 4 g, 1 seule prise, à renouveler 1 fois 12 heures plus tard si nécessaire | Dans l'immense majorité des cas, manger plus de fibres (fruits, légumes, céréales, agar-agar, konjac…) et boire plus d'eau + marcher 1 heure/jour met à l'abri de toute constipation. |
| **Détox** | 1 g, 3 fois par jour | Programmez 1 journée « détox » sans sucre ni gras par semaine, à base de soupe, protéines maigres (poulet, poisson blanc…), tisanes drainantes. |
| **Antikilos** | 1 g, 3 fois par jour | L'équation gagnante = dans l'assiette, ¼ de poisson (ou viande), ¼ de féculents, ½ de légumes verts + votre konjac. Et du sport ! |

***Notre avis :***
Votre estomac et, plus généralement, votre système digestif, auront le dernier mot. Si vous ressentez une sensation de « trop-plein » désagréable, réduisez simplement les doses. Même chose en cas de transit perturbé, on ne sait jamais. Pour éviter ces incidents minimes et sans aucune gravité, l'idéal est tout de même d'augmenter très progressivement les quantités, donc de commencer par des tests « prudents ». Rien d'extraordinaire : on se trouve exactement dans la même situation où l'on augmente sa consommation de fruits et légumes. Il est clair que si vous mangez peu de fibres au départ, mieux vaut y aller graduellement. C'est exactement la même chose avec le konjac.

## 35. Le konjac remplace-t-il des médicaments ?

EN AUCUN CAS. Ce n'est pas parce qu'il peut aider à réguler la glycémie ou à faire baisser le taux de cholestérol qu'il remplace un traitement médical. Ne cessez jamais de prendre vos médicaments prescrits par votre médecin, et demandez toujours son avis (ou celui de votre pharmacien) si vous êtes sous un traitement quelconque et que vous souhaitez prendre du konjac sous forme de gélules ou de compléments alimentaires.

## 36. Le konjac peut-il empêcher l'absorption de vitamines, minéraux ou autres éléments bénéfiques ?

C'est évidemment la question que se sont posée les chercheurs. Puisque le konjac est capable de piéger des « mauvaises choses » (cholestérol, sucre...), pourquoi ne capturerait-il pas aussi des « bonnes choses » (vitamines, oligo-éléments, protéines, médicaments...) ? Il semble que ce ne soit pas le cas. Une étude montre notamment que le konjac n'empêche pas du tout l'absorption de fer (l'une des craintes des chercheurs), et on peut en déduire assez logiquement qu'il en va de même pour les autres minéraux et vitamines. Cependant, déduire n'est pas prouver, et par précaution, il est conseillé de prendre le konjac à distance de médicaments ou autres suppléments alimentaires. Exactement comme, pour les mêmes raisons, on le recommande en cas de prise d'argile ou de charbon.

**ATTENTION !**

Espacez la prise de plantes, vitamines, minéraux ou tout supplément alimentaire et de konjac d'au moins 2 heures (par exemple, vitamines à midi, konjac à 14 heures, ou l'inverse).

## 37. PEUT-ON PRENDRE DU KONJAC SI ON EST DÉJÀ SOUS TRAITEMENT PAR AILLEURS ?

Oui. Mieux, si vous prenez des médicaments anticholestérol (statines par exemple), le konjac viendra en complément apporter lui aussi ses propriétés anticholestérol. Si vous prenez des médicaments anticonstipation, même chose. Une étude a montré que même pris conjointement, le konjac n'empêchait pas l'absorption de la pilule, bien qu'il puisse en ralentir l'assimilation. Cependant, pour éviter tout incident, il est toujours recommandé de prendre le konjac 2 heures plus tôt (ou plus tard) qu'un autre médicament quel qu'il soit. N'avalez pas votre antibiotique, votre médicament antidiabète ou autre avec un verre d'eau contenant du konjac ! Certains traitements sont calculés de façon très fine et les molécules doivent être assimilées immédiatement. C'est souvent le cas, ne serait-ce que pour une simple aspirine : qui a envie d'attendre pour être soulagé d'un mal de tête ? On veut que ça marche tout de suite !

## 38. Combien ça coûte ?

Bien moins cher que les substituts de repas et autres aides minceur habituels ! On se retrouve dans le même cas de figure qu'avec l'agar-agar, aide minceur génial et fort bon marché.

### En gélules

Nous avons relevé des prix tournant autour de 8 € les 150 gélules, mais avec de grandes disparités (tant en pharmacie, parapharmacie que sur internet). Comme il faut en prendre 2 (dosées à 500 mg) avant chaque repas, 1 flacon de gélules couvrira 25 jours, disons un petit mois de « cure ». Il existe aussi des gélules minceur « à base de konjac », avec d'autres ingrédients (algues ou autres). Demandez conseil au pharmacien. Attention, selon les marques, les tarifs et les dosages sont TRÈS différents.

### En poudre

C'est la même chose qu'en gélules, mais la poudre est proposée en vrac dans un petit pot. Plus pratique si vous souhaitez la diluer dans un liquide ou l'utiliser en cuisine.

- En pharmacie, comptez entre 12 et 15 € les 100 g – il y a largement de quoi faire avec cette quantité ! Un rapide calcul montre que le gramme coûte donc 0,12 €. Comme pour mincir il faut compter environ 3 g par jour, le tarif plafonne à 0,36 € par jour… Si vous trouvez moins cher, comme aide-minceur, contactez-nous ! La poudre de qualité pharmaceutique est en vente libre, pas besoin d'ordonnance. Les tarifs sont dégressifs en fonction de la quantité achetée, renseignez-vous auprès de votre pharmacien. Il vous certifie qu'il ne peut pas en commander ? Insistez, la poudre de konjac est disponible chez le fournisseur central de toutes les officines.

- Sur Internet, comptez environ 7,50 € les 50 g (soit exactement le même tarif qu'en pharmacie), ou 20 € les 500 g (un conditionnement peut-être excessif pour faire vos premiers pas, mais c'est vous qui voyez), chez Kalys par exemple. Remarque : dans ce cas, le produit n'est pas de qualité pharmaceutique (et pour cause, il s'agit d'un distributeur de produits alimentaires). Le fabricant précise qu'il contient des sulfites et qu'il est conditionné dans un atelier utilisant blé, soja, sulfites et gluten, donc attention : si vous êtes allergique, la filière « pharmacie » est sans aucun doute préférable.

### Attention aux arnaques !

Nous avons remarqué sur Internet des « cocktails coupe-faim » ou « brûle-graisses » renfermant du konjac et d'autres végétaux aux supposées vertus minceur, proposés à des tarifs exorbitants (de l'ordre de 150 € la cure d'1 mois), ou encore en pack, type « 1 flacon = 29,90 €, le deuxième offert ». Inutile de dire que nous ne vous les recommandons pas. Ils sont principalement disponibles sur des sites étrangers (américains, canadiens). Ces produits ne présentent aucune garantie d'efficacité, mais en revanche cumulent toutes les garanties d'arnaque financière totale.

# LE RÉGIME KONJAC EN PRATIQUE

Vous l'avez compris, le konjac aide à perdre du poids en contrôlant l'appétit. Mais il ne maigrit pas à votre place ! Il ne remplace en aucun cas des repas équilibrés, et ne justifie pas ce verre de Coca, alors que vous savez bien qu'il vaut mieux boire de l'eau. Pour cerner comment le konjac peut vous aider dans votre recherche de perte de poids, prenez quelques minutes pour répondre à notre petit test.

## Test : quel mangeur êtes-vous ?

Avant de vouloir combattre la faim dans tous les sens, il faut commencer par savoir comment vous mangez, pourquoi vous mangez, ce que vous aimez et n'aimez pas, bref, analyser comment vous vous comportez vis-à-vis de votre assiette. Faites le test.

### Dis-moi comment tu manges…

**1. Hier soir, au menu…**

B ❑ Entrée, plat, fromage, pain, dessert, en reprenant de chaque, pourquoi ?

D ❑ Pas d'entrée, quelques cuillères de haricots verts, un poil de viande mais pas trop, un yaourt.

A ❑ Une soupe, du pain et un morceau de fromage devant la télé, et assez tard parce que j'avais grignoté en rentrant du travail et je n'avais pas très faim, finalement.

C ❑ Un repas équilibré, en discutant de la journée avec les uns et les autres.

**2. Le matin**

B ❑ Hmm, le petit déj, j'adore : le chocolat chaud, la brioche, les œufs brouillés… Sucré ou salé, ça dépend de l'humeur mais en tout cas, c'est toujours un vrai repas.

C ❑ Thé ou café, lait ou fromage blanc, pain grillé ou céréales… Je varie en fonction de mes envies et de mon appétit.

A ❑ Une douche, un café, et au travail ! Sur la route, j'achète un croissant et j'emporte une pomme à croquer en arrivant au bureau.

D ❑ Céréales allégées en sucres ou muesli, lait écrémé ou yaourt à 0 %, thé vert… De la brioche ? Je n'en ai pas mangé depuis mes dernières vacances.

**3. Au self**

B ❑ C'est tellement donné que je remplis mon plateau à tous les stands : entrées, desserts, fromages…

A ❑ Souvent, c'est un plat unique et un dessert, et je prends un fruit et/ou un yaourt en plus pour les emporter et les manger dans l'après-midi.

C ❑ J'y vais sans idée préconçue et je prends ce qui me tente, poisson vapeur aussi bien que beignets de calmars.

D ❑ Direction le stand « poisson », puis légumes verts au stand « légumes nature », et des fruits. La nourriture de restauration collective, c'est déjà assez gras comme ça.

**4. Moi ? Je suis incapable de :**

C ❑ Sauter un repas.

A ❑ Résister à un paquet de biscuits ouvert.

B ❑ Me contenter d'un plat unique sans petite douceur après, ou d'un sandwich sur le pouce.

D ❑ Grignoter entre les repas.

**5. La réunion de 11 heures a duré vraiment très longtemps, il est 15 heures et la cantine est fermée…**

B ❑ Où est la boulangerie la plus proche, le fast-food, le chinois, la supérette ?

C ❑ Il est un peu tard, alors je prends juste un sandwich au poulet et une pomme pour avoir faim normalement ce soir.

D ❑ Une barre hyperprotéinée, et zou ! je retourne bosser.

A ❑ Pas grave, j'avais apporté des biscuits en réunion.

**6. Je suis invité dans un restaurant asiatique qui vient d'ouvrir. Sur la carte…**

C ❑ Génial, je ne connais rien, je vais découvrir de nouvelles sensations !

A ❑ Je choisis un menu dégustation, pour goûter un peu à tous les plats.

D ❑ Oh lala, ça a l'air hyper-lourd, je demande au serveur quels sont les plats cuits au gril.

B ❑ Apéro, entrée, plat, dessert, et un bol de riz pour être sûr de ne pas avoir faim s'il n'y a que des légumes dans le plat.

**7. À table**

C ❑ Les autres finissent toujours avant moi mais j'aime bien prendre le temps de manger.

B ❑ Les autres finissent toujours avant moi, forcément, ils ne se resservent pas, eux !

A ❑ Je traîne volontiers autour du café, en picorant des mignardises.

D ❑ Moins ça dure, mieux je me porte, on a autre chose à faire !

**8. J'en suis à la moitié de mon assiette de riz cantonais quand j'aperçois un cheveu sous un petit pois…**

B ❑ Je demande à avoir un nouveau plat, et vogue la galère ! D'ailleurs tant mieux, j'en aurai un peu plus comme ça !

C ❑ Bon. Je vais m'arrêter là pour le riz cantonais, et je me rattraperai sur le reste.

D ❑ Beurk quelle HORREUR !!! J'ai l'appétit coupé net, je demande l'addition et je lève le camp illico.

A ❑ Je l'enlève et je termine mon assiette, j'ai trop faim pour attendre qu'on me resserve.

**9. Grignoter…**

A ❑ C'est dès qu'on me propose quelque chose ou que j'ouvre mon tiroir de bureau (une vraie réserve !). Biscuits, glaces, chocolat, je suis toujours là !

B ❑ J'aime surtout les goûters au salon de thé avec des amis, autour d'un chocolat chaud onctueux et d'une grosse part de gâteau.

C ❑ Je ne le fais pas, ou alors uniquement quand je sens que j'ai trop faim pour tenir sereinement jusqu'au repas suivant.

D ❑ Jamais. Même si on me propose quelque chose que j'aime vraiment.

**10. Ce qui me fait saliver :**

C ❑ La perspective d'un restaurant ou d'un repas avec des amis. Ou d'un plat que j'aime.

A ❑ La vue d'un aliment, n'importe lequel ou presque.

D ❑ Un plat cuit à la vapeur, plein d'herbes fraîches.

B ❑ Une table débordante de choses à manger, et de préférence avec une bonne bouteille !

**11. À Noël, ce que je préfère, c'est…**

B ❑ Le foie gras, le saumon, les grandes tablées pleines de convives, le champagne, la bûche… Il faut vraiment choisir ?

A ❑ Les boules pralinées, les orangettes, les truffes et les boîtes d'assortiment de chocolats qu'on savoure les après-midi d'hiver ou en rentrant de balade.

D ❑ Quel supplice, ces repas qui ne finissent jamais.

C ❑ Le fait de savourer des aliments qu'on ne mange pas forcément dans l'année.

**12. Dimanche après-midi. Au programme :**

C ❑ Balade, musée, parc, gros ménage, cinéma… ça dépend des jours et de la météo.

B ❑ On est sortis de table à 16 heures, l'après-midi va être un peu réduite…

A ❑ L'heure rituelle du thé, évidemment !

D ❑ Le déjeuner chez Belle-Maman et ses douze plats en sauce a été évité, l'après-midi ne peut être que bonne !

**13. Mon gâteau préféré me fait de l'œil depuis la vitrine de la boulangerie.**

A ❑ Je l'achète et je le mange tout de suite, dans la rue, quel bonheur !

C ❑ Je l'achète et je le mangerai ce soir, en dessert.

B ❑ C'est-à-dire que comme j'ai déjà fait un gâteau hier, il en reste. Bah tant pis, ça fera deux desserts pour ce soir.

D ❑ J'aimerais bien, mais ça fait grossir…

**14. Quand je cuisine :**

C ❑ Je varie, entre petits plats que je suis sûr de réussir et d'autres plus innovants, mais toujours en pensant aux envies des uns et des autres.

D ❑ Uniquement au gril, à la poêle antiadhésive et sans sucre.

A ❑ Une rondelle de concombre en préparant l'entrée, un peu de sauce en cuisinant le poisson, le fond de casserole de chocolat… Je goûte tout !

B ❑ Je prépare toujours quinze fois plus de nourriture qu'il n'en faut. Comme ça, il y aura peut-être des restes pour le lendemain !

**15. Direction le supermarché :**

A ❑ Tiens, je prends ça ! Et puis ça aussi ! Et des biscuits, sucrés et salés, des gâteaux et du chocolat.

B ❑ Je prévois mes menus de la semaine mais je reviens toujours avec trois fois plus de victuailles que nécessaire.

C ❑ Les basiques de l'épicerie plus ce qu'il me faut pour les menus de la semaine. Mais je vais aussi au marché pour les produits bien frais, ou régionaux.

D ❑ Des fruits et des légumes, des allégés, du jambon blanc et du poisson.

**16. J'ai une tonne de travail aujourd'hui.**

C ❑ Je prends quand même le temps de déjeuner, quitte à partir un peu plus tard ce soir.

A ❑ Un sandwich, des bricoles à grignoter, et c'est parti pour une journée non-stop.

D ❑ D'accord pour picorer devant mon écran d'ordinateur, mais une salade composée et un soda light.

B ❑ À midi, je prendrai un méga-plat de pâtes, il faut que je carbure jusqu'à ce soir !

## … JE TE DIRAI QUI TU ES

Maintenant, faites vos comptes de A, B, C et D.

### Vous avez une majorité de A

***Le grignoteur***

Vous avez tendance à grignoter dès que l'occasion se présente, même si vous venez de sortir de table ou presque : une collègue qui passe avec une boîte de chocolats, un biscuit avec les enfants à 4 heures, un dé de fromage chez le gentil commerçant qui veut vous faire goûter, des tous et des riens en préparant le repas… Certainement plus par habitude que par véritable envie, en plus.

*Votre conseil konjac minceur*

Limitez-vous. Commencez par rogner sur les grignotages que vous pouvez aisément contourner (dégustations au marché, en préparant le repas…). On vous propose un biscuit, un chocolat ? D'accord, mais conservez-le pour le repas suivant. Une collation unique et structurée en milieu d'après-midi pourra vous éviter de craquer pour tout et n'importe quoi entre les deux repas. Le konjac va largement vous y aider : vous n'en aurez tout simplement plus envie, de ces petites bricoles qui, au final, font les gros kilos en trop…

### Vous avez une majorité de B

***Le gros mangeur***

Vous mangez trop, à tous les repas. Vous aimez les assiettes bien remplies : les portions XXS des restaurants tendance, très peu pour vous. Vous aimez vous resservir, vous ne pouvez vous sentir rassasié qu'à condition d'avoir pris une entrée, un plat, du fromage et du dessert, sans oublier un peu de pain. Résultat, il vous arrive souvent de vous sentir un peu lourd en sortant de table.

*Votre conseil konjac minceur*

Avez-vous vraiment besoin d'autant à chaque repas ? Commencez par essayer de ne pas vous resservir systématiquement : posez-vous la question de savoir si vous avez encore faim ou s'il s'agit de pure gourmandise, voire de simple habitude. Buvez une gorgée d'eau, passez rapidement au plat suivant. Si vous arrivez à table affamé : 1) forcez sur les aliments de la liste p. 64 aux repas précédents (protéines, légumineuses, laitages maigres...) ; 2) ajoutez systématiquement une cuillère à café de son d'avoine sur l'un des plats de votre repas, au petit déjeuner, au déjeuner et au dîner ; 3) terminez votre repas par une boisson chaude (café, thé, tisane...) ; 4) commencez votre repas par une entrée, soit de type soupe (hiver), soit de type crudité, sucrée (une pomme à croquer) ou salée (carotte râpée, chou rouge, céleri...) ; 5) pensez aux gélules de konjac avant de passer à table (voir nos menus p. 73). Mangez dans des endroits calmes et consommez des aliments minceur et coupe-faim (p. 64).

**Vous avez une majorité de C**

***Le mangeur parfaitement régulé***

Bravo, votre cas est plutôt rare de nos jours ! Vous savez globalement reconnaître vos signaux de faim véritables et vos envies de bonnes choses, vous aimez vous faire plaisir mais connaissez aussi vos limites. Spontanément, vous régulez votre alimentation sans vous poser de questions. Vos menus sont variés, vous appréciez une mousse au chocolat ou du petit salé aux lentilles aussi bien que du poisson vapeur et des petits légumes. Dans votre réfrigérateur et vos placards, on trouve de tout.

*Votre conseil konjac minceur*

Ne changez rien ! Demandez-vous juste si votre assiette est équilibrée et variée. Ne pas trop manger sans avoir faim ni être en surpoids, c'est bien, mais si c'est pour avaler à tous les repas un steak frites et un flan, il y a quand même un problème. Et les fruits et légumes alors ? Vous en consommez à chaque repas ? Très bien, toutes nos excuses : vous êtes parfait. Que faites-vous le nez plongé dans ce livre, alors ? Peut-être tout simplement parce que vous êtes curieux de découvrir un nouvel aliment ? Vous appréciez les nouvelles saveurs, les textures étonnantes ? Vous tombez bien, nous aussi !

### Vous avez une majorité de D

***Le mangeur contrarié ou sous contrôle***

Votre problème : vous aimez manger mais vous vous interdisez de craquer pour tel ou tel aliment sous prétexte qu'il fait grossir. Votre réfrigérateur est rempli d'allégés et votre congélateur de haricots verts surgelés. Vous n'avez pas mangé de pâtes à la carbonara depuis des années, votre dernier cornet de frites remonte à la fête foraine de l'été passé, et vous mourez d'envie de cet éclair au chocolat chaque fois que vous passez devant la boulangerie. Vous avez aussi tendance à paniquer si vous devez manger à l'extérieur : est-ce que le repas sera compatible avec vos exigences diététiques ?

*Votre conseil konjac minceur*

Détendez-vous ! Si vous passez votre temps à vous interdire des aliments et que vous vous trouvez toujours trop gros, c'est que le problème est ailleurs. Souvenez-vous que la frustration suscite forcément les envies et les dérapages, et qu'une alimentation qui ne fait pas grossir est une alimentation variée (c'est-à-dire avec des légumes verts mais aussi de temps à autre des frites et des pâtisseries.) En tout cas, on dirait que le konjac a été conçu pour vous : c'est l'aliment type qui permet de s'empiffrer de pâtes même lors du régime minceur le plus strict. Hourra !

## Le Repas Parfait

Une société américaine commercialise des substituts de repas minceur appelés « *Perfect Meal* ». Ils sont riches en protéines et en fibres… et devinez quelles fibres ? Celles du konjac bien sûr ! On peut faire au moins aussi bien avec de « vrais aliments » dans la « vraie vie », ce que nous nous efforçons toujours de vous démontrer dans nos livres.

Pour profiter du konjac dans le cadre d'un régime minceur, deux possibilités :

1. une alimentation « normale » + de la poudre de konjac à avaler ;
2. une alimentation « normale » dans laquelle vous insérez des repas à base de konjac.

Dans tous les cas, choisissez avec soin les meilleurs aliments coupe-faim pour réussir à perdre du poids sans frustration.

## Les 140 meilleurs aliments minceur & coupe-faim (les alliés du konjac !)

Chacun dans sa catégorie fait partie des « champions minceur », car tous possèdent un indice IS (Indice de satiété) élevé. Que vous suiviez un régime ou non, ces aliments représentent votre meilleure chance de perdre du poids sans avoir faim.

### Poissons

- Aiglefin
- Araignée de mer
- Bar
- Bigorneau
- Brochet
- Bulot
- Cabillaud
- Calamar

- Colin
- Coquille Saint-Jacques
- Crabe
- Crevette
- Flétan
- Haddock
- Huître
- Langoustine
- Lieu
- Lotte
- Merlan
- Moule
- Raie
- Saumon fumé
- Sole
- Thon (conserve au naturel)

## VIANDES

- Autruche
- Bœuf :
  - Faux-filet
  - Jarret
  - Paleron
  - Rosbif
  - Rumsteck
  - Steak haché 5 % MG
- Cheval (steak)
- Dinde :
  - Blanc
  - Escalope
  - Cuisse
- Pintade
- Porc :
  - Côte de porc
  - Filet
  - Bacon
  - Jambon blanc
  - Rognon
- Poulet rôti
- Tripes à la mode de Caen
- Veau :
  - Filet
  - Foie
  - Escalope
  - Ris
- Viande des Grisons

## FRUITS ET LÉGUMES

- Ananas
- Artichaut
- Asperge
- Aubergine
- Banane
- Betterave rouge
- Blette
- Brocoli
- Carotte
- Cassis

- Céleri
- Champignon
- Chou
- Choucroute (nature)
- Cœur de palmiers
- Coing
- Concombre
- Courgette
- Cresson
- Endive
- Épinards
- Fenouil
- Fraise
- Framboise
- Fruit de la passion
- Germe de soja
- Haricot vert
- Jardinière de légumes
- Kiwi
- Macédoine de légumes (conserve)
- Maïs
- Mandarine
- Mangue
- Melon
- Mûre
- Navet
- Oignon
- Pamplemousse
- Poire
- Poivron
- Pomme
- Potiron
- Pousse de bambou
- Radis
- Rhubarbe
- Salade
- Salsifis (conserve)
- Tomate

## Produits laitiers

- Fromage blanc 0 % MG
- Fromage frais type Chavroux ou Carré frais
- Lait écrémé
- Lait écrémé en poudre
- Yaourt 0 % MG

## Pains et biscottes

- All Bran pétales (Kellog's)
- All Bran + (Kellog's)
- Biscottes son (Céréal)
- Céréales au son
- Pain complet
- Pain de seigle
- Wasa fibres

## Féculents, légumineuses, pâtes et riz

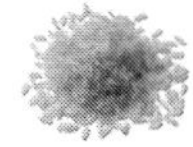

- Fèves
- Flageolets
- Haricots blancs
- Haricots rouges
- Lentilles
- Patates douces
- Pâtes complètes
- Petits pois
- Petits pois-carottes (conserve)
- Pois cassés
- Pois chiches
- Pois gourmands
- Polenta
- Pommes de terre (vapeur)
- Riz complet
- Semoule

## Extras et douceurs

- Abricots secs
- Boisson cacaotée sucrée
- Compote sans sucre
- Dattes sèches
- Figues sèches
- Petit-beurre
- Pruneaux
- Raisins secs et cranberries séchées

## Herbes, épices et assaisonnement

- Basilic
- Cannelle
- Câpre
- Cerfeuil
- Ciboulette
- Coriandre
- Curry
- Paprika
- Sauce soja
- Sauce tomate

### *L'astuce magique*

À partir du moment où vous piochez dans cette liste, vous êtes assuré de consommer un aliment à haut indice de satiété et à faible apport calorique. Photocopiez-la et emportez-la pour faire vos courses ou pour la consulter discrètement au restaurant, en cas de doute entre deux plats. Avec elle, vous ne serez jamais perdu !

| CE COMPOSANT... | Calme l'appétit tout de suite | Calme l'appétit pour longtemps | Aide à brûler les graisses | Aide à stabiliser la glycémie et à moins grignoter |
|---|---|---|---|---|
| 5 HTP (dinde, produits laitiers, noix, noix de coco, banane...) | | x (antistress) | | |
| Acide malique (pomme) | | | x | |
| Acide pinolénique (pignon de pin) | | x | | |
| Bêta-glucanes (avoine, orge, millet) | x | x | | x |
| Calcium (produits laitiers, eau minérale, légumes verts) | | x | | |
| Carnosine (viande rouge) | | x | | |
| Chrome (céréales complètes) | | | | x |
| Fibres solubles (agar-agar) | x | x | | x |
| Glucomannane (konjac) | x | x | x | x |
| Hispaghul | x | x | | x |
| Inuline | | x | | x |
| Leucine, isoleucine (lait, maïs) | | | x | x |
| L-glutamine (viande, poisson...) | x | | | |
| L-tyrosine (amande, avocat, banane, fève, graines...) | | x | | |
| Lysine (œuf, poisson, produits laitiers, viande) | | x | x | |
| Magnésium (légumes verts) | | x | | x |
| Pectines (pomme) | x | x | | x |
| Phénylalanine (abats, fromage, œuf) | | x | | x (antiboulimie, anticompulsions) |
| Polyphénols/flavonoïdes (fruits et légumes colorés, vin rouge, épices) | | x | x | x |
| Protéines (viande, poisson, œuf, légumineuses, tofu) | x | x | x | x |
| Psyllium | x | x | | x |
| Tryptophane (voir 5 HTP) | | x (antistress) | | |
| Valine (lait, œuf) | | x | | x |

## Les 10 aliments qui donnent des fringales

Nous venons de voir la liste des meilleurs aliments pour dompter son appétit et perdre du poids sereinement. Voici ceux qu'il vaut mieux éviter tant que vous n'avez pas retrouvé le contrôle de votre appétit et de votre tour de taille.

1. Les bonbons et sucreries en général (chocolats…)
2. Les sodas (même dits « sans sucre »/« light »)
3. Les pâtes raffinées (« blanches ») et trop cuites
4. La pizza (surtout avec beaucoup de fromage, saucisse…)
5. Les frites
6. Les biscuits salés et sucrés
7. La viande panée (cordon-bleu et compagnie)
8. Le poisson pané (nuggets et compagnie)
9. Les glaces et sorbets
10. Le pain blanc

## Les portions

Maîtriser son appétit, son assiette, cela commence par la quantité de ce que l'on met dedans. Vous pourrez avaler tout le konjac que vous trouverez, si par ailleurs vous mangez pour quatre, vous ne perdrez pas un gramme. Tous les aliments, même les fruits, les lentilles ou le jambon, doivent être consommés dans des limites raisonnables. Pour ne pas se tromper, une portion « idéale », c'est quoi ?

***Exemples de portions par catégories d'aliments***

### Les céréales du petit déjeuner 

- 30 à 50 g + lait = 1 bol

### Les produits laitiers 

- 1 pot individuel de fromage blanc (100 g) ou de yaourt (125 g)
- 2 petits-suisses
- 1 bol (25 cl) de lait

### Les fruits 

- 1 fruit moyen (pomme, poire, orange) ou 2 petits (clémentines, prunes)
- 100 g de fruits rouges (1 petite barquette)
- 100 g de raisin (1 petite grappe)
- 1 belle tranche d'ananas ou de melon
- 3 cuillères à soupe de fruits cuits

### Les légumes verts 

- 1 petite poignée de salade
- 1 tomate moyenne, ou 5 tomates-cerises
- 1 courgette
- 3 cuillères à soupe bien bombées de légumes, crus ou cuits

### Les pâtes 

- 3 cuillères à soupe très bombées de pâtes cuites

## Le riz 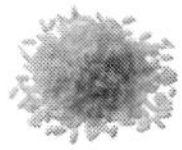

- 2 cuillères à soupe très bombées de riz cuit

## Les légumineuses 

- 3 cuillères à soupe très bombées de haricots secs ou de lentilles cuits
- 2 bonnes cuillères à soupe d'hoummos (purée de pois chiches)
- 1 bol de potage aux lentilles (ou aux châtaignes, ou aux pois cassés…)

## Le pain 

- 1 à 2 tranches de pain ou $1/3$ de baguette par repas
- 1 muffin à la farine complète (par exemple pour le petit déjeuner)

## La viande 

- 1 steak calibré du boucher (100 g)
- 1 steak haché surgelé (100 g)
- 1 blanc de poulet (125 g)
- 2 tranches de rôti (125 g)
- 2 belles tranches de jambon dégraissé (100 g)

## Le poisson 

- 1 filet de poisson levé par le poissonnier (150 g)
- 1 pavé de colin, de cabillaud, frais ou surgelés (150 g)
- 1 pavé de saumon frais ou surgelé (100 à 125 g)
- 1 truite (150 g)
- 100 g de carpaccio ou autre poisson cru (sashimi)
- 1 boîte de thon ou de maquereau (approximativement 100 g de poisson en poids net, égoutté)

## Les plats préparés

- minimum 300 g (moins, c'est gage de faim assurée) et pas plus de 2 fois par semaine

## Les corps gras

- 1 à 2 cuillères à soupe d'huile + un petit peu de beurre le matin sur les tartines (par jour)

## Les produits de grignotage

- 1 à 2 maxi par jour, à piocher impérativement parmi les ☺

| ☺ | ☹ |
| --- | --- |
| Fruits frais, fruits secs (doucement !), laitages*, crudités (carotte, radis, mini-concombre…), yaourt ou fromage blanc*, petit-suisse ou fromage*, fromage frais + 1 tranche de pain complet, 1 œuf dur, 1 tranche de jambon cuit, 2 carrés de chocolat noir… | Biscuits, barres chocolatées, milk-shakes, sodas (même « sans sucre »), jus de fruits (en excès), chewing-gums (même « sans sucre »)…<br>Chips, cacahuète, noix de cajou (2 ou 3 maximum) |

* 0 % ou demi-écrémé

## Les boissons

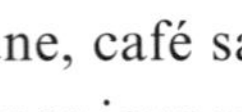

- Eau, thé, tisane, café sans sucre à volonté (sauf pour le café, 2 tasses maxi par jour recommandées)

# 1 semaine de menus minceur « classiques » + konjac en gélules ou poudre

Vous souhaitez profiter des propriétés minceur du konjac sans pour autant le cuisiner ? Facile : prenez 2 gélules (ou conformez-vous aux recommandations du fabricant) 30 minutes avant chaque repas. Vous pouvez soit avaler vos gélules, soit (recommandé par certains spécialistes pour une action plus rapide) verser leur contenu dans un verre d'eau et le boire immédiatement. Essayez les deux, gardez la forme préférée !

### Lundi

**Petit déjeuner**

2 gélules de konjac 30 minutes avant le repas
*Puis*
Thé vert au jasmin (nature)
2 ou 3 tranches de pain aux céréales + beurre + miel
2 clémentines

**Déjeuner**

2 gélules de konjac 30 minutes avant le repas
*Puis*
Radis à la croque
Jambon + petits pois
1 yaourt nature + poire en dés

**Dîner**

2 gélules de konjac 30 minutes avant le repas
*Puis*
Potage minestrone (légumes + pâtes)
Noix de pétoncles + haricots verts
Compote sans sucre ajouté

**MARDI**

**Petit déjeuner**

2 gélules de konjac 30 minutes avant le repas

*Puis*

Thé Earl Grey

2 ou 3 tranches de pain aux céréales + Carré frais 0 %

½ pamplemousse (gardez l'autre moitié pour demain)

**Déjeuner**

2 gélules de konjac 30 minutes avant le repas

*Puis*

Salade d'endives

Escalope de dinde + riz basmati + champignons

Pomme râpée + filet de miel

**Dîner**

2 gélules de konjac 30 minutes avant le repas

*Puis*

Salade de mâche

Omelette oignon + poivron rouge

Coupe de fruits rouges (frais ou surgelés)

**MERCREDI**

**Petit déjeuner**

2 gélules de konjac 30 minutes avant le repas

*Puis*

Thé vert au jasmin (nature)

2 tranches de jambon + Carré frais 0 % (étalé sur le jambon, puis roulé à l'intérieur)

½ pamplemousse (le reste d'hier matin !)

**Déjeuner**

2 gélules de konjac 30 minutes avant le repas

*Puis*

Velouté de courgette

Steak haché + jardinière de légumes

Salade d'oranges à la fleur d'oranger

**Dîner**

2 gélules de konjac 30 minutes avant le repas

*Puis*

Carottes râpées (huile de noix + jus de citron)

Blanc de poulet + ratatouille

Salade de fruits

### Jeudi

**Petit déjeuner**

2 gélules de konjac 30 minutes avant le repas

*Puis*

Thé vert (nature)

2 tranches de pain aux céréales + beurre + miel

1 yaourt au soja

1 orange

**Déjeuner**

2 gélules de konjac 30 minutes avant le repas

*Puis*

Chou blanc râpé, raisins secs (huile de noix + jus de citron)

Filet de colin + épinards, crème allégée

1 tranche de pain aux céréales + fromage allégé

**Dîner**

2 gélules de konjac 30 minutes avant le repas

*Puis*

Soupe de légumes (non mixée, plutôt avec morceaux)

Jambon + flageolets

1 yaourt au bifidus nature

2 carrés de chocolat noir

### Vendredi

**Petit déjeuner**

2 gélules de konjac 30 minutes avant le repas

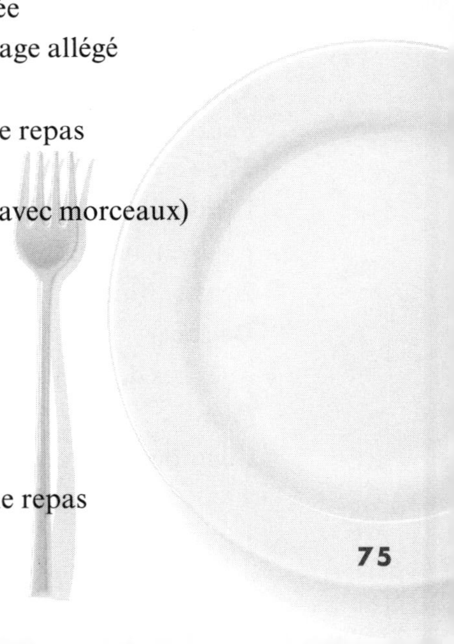

*Puis*

Thé Earl Grey

Flocons d'avoine + lait demi-écrémé (ou lait de soja) + cannelle (1 minute cuisson), sirop d'érable (facultatif)

2 tranches d'ananas

**Déjeuner**

2 gélules de konjac 30 minutes avant le repas

*Puis*

Crudités à tremper dans un petit pot de fromage blanc + moutarde

Steak + lentilles

Salade de pêches au basilic

**Dîner**

2 gélules de konjac 30 minutes avant le repas

*Puis*

Salade de pois chiches (sauce yaourt, huile d'olive, citron, sel, poivre, cumin)

Tartare de saumon + salade de mâche

Compote sans sucre ajouté

### Samedi

**Petit déjeuner**

2 gélules de konjac 30 minutes avant le repas

*Puis*

Thé vert au jasmin

1 œuf à la coque et ses mouillettes

1 yaourt au bifidus nature

2 clémentines

**Déjeuner**

2 gélules de konjac 30 minutes avant le repas

*Puis*

Cœur de laitue croquant + tomates

Carpaccio de saumon
Poire pochée aux épices

**Dîner**

2 gélules de konjac 30 minutes avant le repas
*Puis*
Grande salade exotique (cubes de poulet + cœurs de palmier + maïs + laitue + mangue + avocat)
Fromage blanc à la cannelle

### DIMANCHE

**Petit déjeuner**

2 gélules de konjac 30 minutes avant le repas
*Puis*
Thé Earl Grey
2 tranches de saumon fumé
1 yaourt au bifidus nature
1 pomme cuite (à préparer la veille)

**Déjeuner**

2 gélules de konjac 30 minutes avant le repas
*Puis*
Assiette de la mer (huîtres, crevettes…) sans pain ni mayo !
Salade de haricots verts tièdes
2 abricots

**Dîner**

2 gélules de konjac 30 minutes avant le repas
*Puis*
Soupe de légumes
Gratin de courgettes (fromage et crème allégés)
Poire pochée (dans une infusion de verveine) + coulis de chocolat noir (2 carrés)

# 1 semaine de menus « shiratakis & konnyaku »

Vos papilles curieuses ne demandent qu'à se mettre au diapason du Japon. Vous préférez opter pour la version totalement alimentaire du konjac. Heureux aventuriers du goût, vous allez découvrir tout un monde nouveau de saveurs exotiques… mais totalement adaptées à nos habitudes culinaires occidentales, bien sûr. ***(Les plats en italique et suivis d'un astérisque correspondent à des recettes figurant dans ce livre.)***

## Lundi

**Petit déjeuner**

Thé Earl Grey
2 tranches de pain aux céréales + beurre + miel
2 prunes
1 yaourt au soja

**Déjeuner**

Salade d'endives aux noix
***Shiratakis aux boulettes light****
Fromage blanc au coulis de fruits rouges

**Dîner**

Taboulé
Filet de maquereau + tomates provençales (poêlées + ail)
2 boules de sorbet citron

## Mardi

**Petit déjeuner**

Thé vert
1 bol de lait demi-écrémé (ou de soja)
2 tranches de pain aux céréales + beurre + miel
1 compote sans sucre pomme abricot

**Déjeuner**

Salade de tomates (huile d'olive + jus de citron)
¼ de jambonneau + lentilles corail
Salade de pommes + 1 orange

**Dîner**

***Potage glacé à la coriandre****
Escalope de dinde + chou-fleur vapeur + crème allégée
Coupe fromage blanc + dés de mangue

### Mercredi

**Petit déjeuner**

Thé Earl Grey
1 yaourt au lait de soja
2 tranches de pain aux céréales + beurre + miel
1 kiwi

**Déjeuner**

Champignons de Paris (jus de citron, poivre)
1 truite en papillote + courgettes vapeur + crème allégée
1 yaourt au soja
2 carrés de chocolat noir

**Dîner**

Carottes râpées (huile de noix, jus de citron)
***Ma Bolo minceur****
Pomme cuite

### Jeudi

**Petit déjeuner**

Thé vert
1 yaourt au soja + pomme râpée
2 tranches de pain aux céréales + beurre + miel

**Déjeuner**

Poireaux « vinaigrette » (huile d'olive + jus de citron)

***Sauté de foies de volaille****

1 poire

**Dîner**

Salade verte + tomates + maïs

Moules à la crème + carottes Vichy

½ mangue

### Vendredi

**Petit déjeuner**

Thé Earl Grey

1 pomme cuite

1 tranche de jambon blanc

2 tranches de pain aux noix légèrement beurrées

**Déjeuner**

Betteraves

***Shiratakis à la truite fumée****

1 yaourt au bifidus + 1 c. à c. de miel

**Dîner**

Concombre à la feta

Escalope de veau + sauce tomate + choux de Bruxelles

Grappe de raisin rouge

### Samedi

**Petit déjeuner**

Thé Earl Grey

1 poire

1 yaourt au soja + céréales au son

**Déjeuner**

Salade de tomates

***Dinde façon normande****

1 yaourt au soja + pomme en dés + cannelle

**Dîner**

Potage de légumes

Pavé de cabillaud vapeur + riz basmati + sauce tomate

¼ d'ananas

DIMANCHE

**Petit déjeuner**

Thé Earl Grey

2 clémentines

2 œufs coque + mouillettes

1 yaourt au soja

**Déjeuner**

Haricots verts en salade

***Shiratakis citronnés au thon mi-cuit****

Salade de fruits

**Dîner**

Salade composée : frisée + pommes vapeur + tomates + dés de jambon + champignons de Paris émincés

1 yaourt au soja

1 poire

## 10 conseils minceur à appliquer en toutes circonstances

1. **Buvez de l'eau, uniquement de l'eau.** Plate ou pétillante, c'est vous qui voyez, mais toujours nature et non aromatisée. Méfiez-vous de toute autre boisson : jus de fruits, soda (même light), alcool, milk-shake, café latte…

2. **Structurez vos repas.** Des crudités ou 1 soupe + 1 assiette équilibrée (remplie pour moitié de légumes verts, pour moitié de viande, de poisson ou d'œufs, et de féculents) + 1 boisson chaude ou 1 fruit ou 1 yaourt nature. Une fois que vous avez intégré ce schéma simple, appliquez-le à chaque repas, sans exception.

3. **Maîtrisez les portions.** Pourquoi commander une entrecôte de 300 g alors que nous n'avons besoin que de 100 g de viande ou de poisson ? Pourquoi faire cuire le double de pâtes recommandées par personne sur le paquet ? Pourquoi manger 2 pots individuels de fromage blanc alors qu'un seul suffit ? De quoi avez-vous peur de manquer ?

4. **Mangez LENTEMENT.** Prenez le temps de mâcher, n'avalez pas tout rond. Profitez de votre repas, c'est un moment de détente, pas un concours « *all you can eat* » en 5 minutes !

5. **Lorsque vous mangez, ne faites rien d'autre.** Ne travaillez pas, ne regardez pas la télé, ne jouez pas sur ordinateur, ne téléphonez pas, juste mangez. C'est la seule façon d'entendre le murmure de votre estomac, qui cherche désespérément à vous informer que vous avez votre compte et que vous pouvez reposer votre fourchette.

6. **Arrêtez de manger à la seconde où vous n'avez plus faim,** et si possible un peu avant. Même si vous êtes au restaurant et que vous « n'avez pas envie de gâcher » (la prochaine fois, vous ne commanderez pas le menu gastronomique mais seulement un plat). Même si vous êtes chez des amis (il faut se servir de petites portions, on l'a dit !). Toute « bricole » en plus (pomme de terre, yaourt, quartier de clémentine, chocolat...) ira directement se loger où vous savez.

7. **Ne grignotez pas.** Mieux vaut bien manger aux repas que brouter toute la journée, fût-ce des fruits ; d'ailleurs, avouez-le, ce sont rarement des fruits. Ne dépassez pas une collation le matin et une autre l'après-midi, et contentez-vous d'une pomme, de 2 carrés de chocolat noir ou de quelques fruits secs.

8. **Ne mangez pas sous l'effet du stress ou de la colère.** Apaisez vos émotions en les exprimant d'une manière ou d'une autre, grâce aux gestes antistress : du sport, une respiration profonde, de la marche, un grand verre d'eau, un appel à une copine, un break sur Internet, sur un site de vacances... Mais ne mangez pas, quel rapport ? Vous n'avez pas faim, vous êtes débordé par vos émotions ! Rien à voir !

9. **Ne mangez pas par ennui.** Là encore, ce n'est pas la bonne réponse. Lisez, regardez un film, allez vous balader, bricolez, dessinez, nettoyez, rangez, bref : faites autre chose que manger ou... vous ennuyer ! Et reportez-vous à nos conseils p. 84.

10. **Ne vous refusez jamais une « aide », comme le konjac,** par exemple. Si ce n'est pas lui qui fait tout, loin de là, il ne fait pas rien non plus. Ce peut être le petit « plus » qui déclenche

l'envie de vraiment en découdre avec les kilos, votre « doudou » minceur. Sans ces coups de pouce, on peut facilement se décourager. Grâce à eux, on ne craque pas, tout est plus facile. Il n'y a aucune raison de s'en priver.

## 20 astuces pour ne plus manger par ennui

Une envie de grignoter en plein après-midi ? Alors que vous avez mangé du konjac au dernier repas ? Ce n'est pas normal. Voyons voir... Vous êtes au travail sur une tâche qui ne vous emballe pas plus que ça. Vous regardez par la fenêtre, rêvez d'être partout ailleurs sauf là... Et hop, insidieusement, arrive ce petit creux si caractéristique des périodes d'ennui. Piochez donc l'astuce qui vous convient le mieux parmi celles listées ci-dessous :

1. **Envie de sucre ou de chocolat ?** Préparez-vous une infusion à la menthe. Coup de fatigue, de « ras-le-bol » ou de baisse de moral ? Une infusion au gingembre. Elle dope à tous les niveaux.

2. **Imaginez-vous en train de croquer un radis ou une carotte crue.** Ça vous ferait vraiment du bien ? Ou seriez-vous plutôt tenté par une madeleine ? Dans le premier cas, vous avez vraiment faim, dans le second, oubliez.

3. **Descendez vous aérer** si vous êtes au bureau. Prenez une douche ou un bain si vous êtes chez vous.

4. **Feuilletez un magazine.** Pas de cuisine, de déco c'est mieux.

5. **Riez.** Le rire crée des endorphines, hormones du plaisir qui calment aussitôt les envies de manger d'origine psychologique. Souvenez-vous d'un dernier fou rire qui vous a fait mal aux côtes. Ça va mieux ?

6. **Ouvrez votre boîte mail** et prenez (enfin) le temps de répondre à ces deux ou trois mails qui vous attendent. Ou envoyez la petite lettre que vous vouliez écrire depuis longtemps.

7. **Passez le chiffon sur votre bureau** ou sur l'étagère, oui, là, en face de vous. En plus, on perd en acariens.

8. **Allez vous peser,** ça calme.

9. **Faites une série de 50 abdos,** ça calme aussi.

10. **Préparez-vous un verre d'eau** avec du citron pressé.

11. **Prenez 3 minutes pour vous masser les sourcils,** les tempes, le front et la paume des mains.

12. **Descendez la poubelle** (ou bien allez chercher le courrier, ou encore décidez-vous à ranger à la cave ce carton qui traîne depuis des semaines...).

13. **Passez un coup de téléphone.** Pas chez Pizza 30' !

14. **Faites une grille de mots croisés,** fléchés, ou de sudoku...

15. **Mâchez un chewing-gum à la menthe extra-forte.** Mieux, croquez une feuille de menthe fraîche.

16. **Calculez dans combien de temps est le prochain repas.** Pas tant que ça, en raisonnant bien !

17. **Croquez un comprimé de vitamine C,** dopant et antifatigue.

18. **Respirez quelques gouttes d'arôme ou d'huile essentielle de vanille.** Ses molécules odorantes ont la particularité de satisfaire les récepteurs olfactifs et d'apaiser les pulsions alimentaires.

19. **Prenez 5 minutes pour regarder le programme des films** au cinéma le week-end prochain.

20. **Brossez-vous les dents.** Redoutablement efficace contre les envies de sablés bretons.

# KONJAC ET SHIRATAKIS, MODE D'EMPLOI

Ça y est, vous voici l'heureux propriétaire de cet étrange ingrédient. Surtout, ne conviez pas vos amis à un dîner par un joyeux « Venez, on va manger du konjac ! » On a essayé, on vous garantit que la plupart nous ont répondu : « Samedi ? Euh désolé, j'ai piscine. » Dites plutôt que vous allez leur préparer une spécialité qui fait fureur dans l'archipel japonais. Là, vous allez forcément avoir des amateurs enthousiastes. Mais maintenant, seul face à vos shiratakis dans votre cuisine, vous vous sentez un peu dépourvu, non ? Avant d'y toucher, prenez le temps de lire ces lignes, nous allons tout vous expliquer.

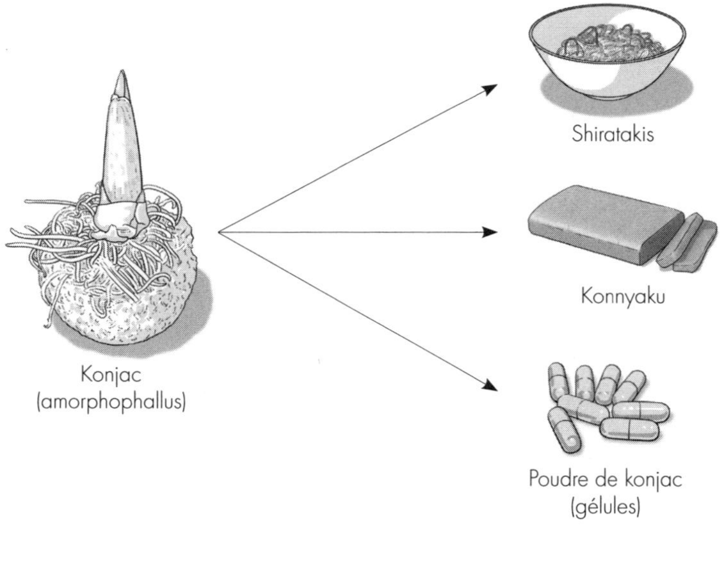

## Première rencontre

Comment vous décrire les blocs de konjac ? Si vous connaissez le tofu, n'essayez pas de comparer, ils n'ont rien à voir hormis leur forme de bloc rectangulaire. Le tofu est de couleur blanc crème, opaque, tandis que le konnyaku, tantôt opalescent, tantôt gris, conserve une certaine transparence. En bouche, le tofu est plutôt fondant, plus ou moins d'ailleurs selon sa variété : « ferme » ou « soyeuse ». Le konnyaku offre au contraire une grande élasticité.

Rien à voir non plus en termes de composition. Riche en protéines, le tofu peut prendre la place de la viande dans de nombreux plats végétariens. Le konnyaku, en revanche, ne remplace ni la viande (il n'apporte pas de protéines) ni les légumes (pas de vitamines, pas d'antioxydants…). Véritable « eau solide », doté de quelques ridicules 3 calories pour 100 g, son seul but dans la vie est d'apporter du volume aux préparations sans rajouter de calories. C'est simple : où qu'il passe, les plats deviennent soudain terriblement rassasiants. Grosses faims bienvenues !

## Les différentes formes

Conditionnées dans leurs sachets en plastique transparent, les différentes formes de konnyaku se trouvent dans des armoires réfrigérées des épiceries asiatiques, ou au rayon « épicerie », en sachets appertisés, dans certaines grandes surfaces.

### Les blocs

De forme rectangulaire (12 x 8 cm, sur 2 cm d'épaisseur), ils pèsent 250 g environ et se cuisinent dans des recettes pour 4 à 6 personnes.

Coupés en dés, en cubes ou en fines tranches, on les prépare avec des légumes, des morceaux de viande ou de poisson, des fruits de mer... de préférence avec une sauce, légère, cela va sans dire. Pour les soupes et les plats mijotés, certains cuistots japonais préfèrent les morceler à la main et ainsi obtenir des sortes de pépites dont les surfaces irrégulières retiennent mieux les saveurs. Les Japonais s'en font aussi des friandises, en trempant des cubes dans de la pâte de miso sucrée. Grignotages mille fois plus sains que nos pralines bien de chez nous, mais encore trop exotiques pour nos palais européens. Deux sortes de blocs sont disponibles :

#### Les blocs blancs

Côté saveur, ils sont absolument neutres et non salés, ce qui permet de les utiliser dans toutes les recettes y compris sucrées.

#### Les blocs bruns

Au Japon, ce sont les plus traditionnels. Il s'agit de la même pâte de base, toujours non salée, à laquelle on rajoute des paillettes d'algues déshydratées. Cette particularité les destine principalement aux recettes salées... mais techniquement, rien ne vous empêche de les utiliser en desserts également !

### Les vermicelles ou « shiratakis »

Les fameuses pâtes sans calories ! Assez faciles à imaginer si vous connaissez les vermicelles de soja, ceux qui deviennent transparents à la cuisson. De saveur neutre, ils sont légèrement croquants sous la dent, très glissants et donc plutôt difficiles à saisir et à porter à la bouche ! Là encore non salés, ils se cuisinent à volonté, mijotés dans des soupes ou potages, sautés au wok avec d'autres ingrédients... Froids, on peut même en faire des salades. C'est la forme la plus « passe-partout » et la plus accessible en termes de goût pour les néophytes. Ils sont également emballés sous sachets et trempent dans de l'eau. Égouttés, ils pèsent 200 g. Prévoyez un sachet pour 2 à 4 personnes, en fonction des autres ingrédients de la recette.

***Au Japon, on trouve aussi :***

- Le « sashimi konnyaku », du konnyaku en lamelles qui se mange tel quel, sans précuisson, comme on le fait avec des sashimis (lamelles de poisson cru). Il peut être aromatisé de feuilles de nori, d'écorces de yuzu, un gros citron… et se déguste coupé en fines lanières, avec du wasabi et de la sauce soja.
- Le « tama konnyaku », du konnyaku en forme de boulettes.
- Du konnyaku en forme de petits grains de riz, à mélanger avec une portion de riz classique pour en augmenter le volume sans ajouter de calories.

# Les courses indispensables

## N'oubliez pas les basiques

### Du côté du frais et des surgelés

Rien de meilleur que le frais, on est d'accord. Mais au quotidien, ce n'est pas toujours possible. Alors, le congélateur serait-il le meilleur allié des régimes ? Sans aucun doute ! Il stocke une foule d'aliments parfaits pour parer à toutes les éventualités… et aux faims de loup imprévues si pernicieuses pour la balance. Faites le plein de :

- ***Fines herbes et aromates*** déjà lavés et ciselés (Monoprix, Picard, Darégal, Leader Price…). Les essentiels : persil, ciboulette, et selon vos goûts, aneth, estragon, menthe, coriandre…
- ***Poissons et fruits de mer.*** Des pavés de poisson blanc (cabillaud ou colin), de poisson « gras » (saumon), des crevettes décorti-

quées, des moules, pourquoi pas un mélange marin (calmars, crevettes, Saint-Jacques...). Protéines excellentes, minéraux et oligo-éléments à gogo, tout ça avec une teneur plancher en calories.

- ***Légumes.*** Nature évidemment, et certainement pas en croquettes et autres préparations. Haricots verts, brocolis, courgettes, carottes, pois gourmands, épinards... Déjà épluchés, découpés, blanchis, il ne reste plus qu'à les cuire. Moins de 15 minutes suffisent généralement entre leur sortie du congélateur et leur arrivée dans l'assiette.
- ***Fruits.*** Nature également. Comme les légumes, ils sont dénoyautés, coupés en oreillons, épluchés, émincés... Ils seront toujours là en cas d'envie subite de dessert un peu sympa. Quelques minutes à la casserole ou au micro-ondes, et hop !, une compote !

### Du côté de l'épicerie salée

- ***Des graines de sésame,*** très parfumées et pleines de bons acides gras.
- ***Différentes épices,*** qui permettent de varier les recettes avec zéro calorie à la clé. Curcuma, gingembre, noix de muscade, poivre...
- ***De l'huile d'olive vierge extra première pression à froid,*** la meilleure pour cuisiner « santé » puisqu'elle supporte les températures élevées.
- ***Du bon vinaigre de vin ou de cidre,*** pour les vinaigrettes.

### Du côté de l'épicerie sucrée

- ***Du miel et du sirop d'érable.*** Tous deux sources de minéraux, un peu moins caloriques que le sucre blanc, ils sucrent les desserts de façon beaucoup plus intéressante que ce dernier, vide de tout nutriment pertinent. Le sirop d'agave, c'est bien aussi.
- ***Du fructose*** (rayon diététique) ou du xylytol. Pour certains desserts, notamment ceux qui doivent cuire au four. D'apparence en tout point semblable au sucre, ils ont l'avantage de s'utiliser en

quantité égale (xylytol) ou moindre (60 g de fructose remplacent 100 g de sucre) et possèdent un index glycémique bas.

- ***De la cannelle en poudre,*** la meilleure amie des desserts light. Sa saveur douce apporte de la rondeur aux compotes et préparations à base de fruits, et remplace la confiture ou le sucre dans les fromages blancs et yaourts. Bon point supplémentaire : elle renferme un composé qui aide à stabiliser la glycémie.

## Et n'oubliez pas les basiques made in Japan

- ***Sauce Sukiyaki.*** À base de sauce soja fermentée, de sucre et de vin, elle se verse directement sur les aliments en train de cuire à la poêle ou au wok, qu'elle parfume d'une petite note sucrée et fumée. On peut aussi l'utiliser pour déglacer* une viande ou des légumes et les enrober d'une sauce couleur caramel.
- ***Sauce Teriyaki.*** Également élaborée à partir de sauce soja fermentée, de sucre et de vin mais aussi d'épices, elle sert à mariner des morceaux de viande, de poisson ou des légumes. On laisse reposer pendant 30 minutes puis on cuit au barbecue, à la poêle ou au four sous le gril et on obtient des aliments savoureux, recouverts d'une pellicule de sauce onctueuse, subtilement caramélisée… À ne pas confondre avec sa cousine, la proche sauce Yakitori, qu'on utilise pour préparer les brochettes du même nom, en badigeonnant les ingrédients (viande, poisson ou légumes) avant puis pendant la cuisson.
- ***Sauce soja.*** À base de graines de soja et (parfois) de grains de blé fermentés avec de l'eau et du sel, c'est la plus classique et la plus polyvalente de toutes. Brune et salée, elle parfume des vinaigrettes, relève des plats cuisinés ou se sert telle quelle comme condiment avec des bouchées à la vapeur… À utiliser

* Déglacer : action de verser un liquide (eau, bouillon, vin, vinaigre…) dans une poêle ou une cocotte qui a servi à cuisiner un ingrédient, tout en raclant les sucs caramélisés au fond du récipient à l'aide d'une cuillère.

avec parcimonie : à cause de sa saveur bien salée, quelques gouttes ou cuillères à café suffisent.

- ***Feuilles d'algue nori.*** Élaborées à partir d'algues laminaires, les feuilles de nori se présentent sous forme de feuilles carrées très fines, dont on se sert pour fabriquer les makis (rouleaux de riz garnis de poisson cru). Émiettées en paillettes, elles apportent une saveur iodée aux aliments sur lesquels on les parsème : riz blanc, soupes, crudités, nouilles, omelettes, poissons… Et en plus, elles débordent de calcium, de fer et d'iode ! Bon, d'accord, on n'en utilise pas énormément à chaque fois, mais mis bout à bout… ça finit par compter !
- ***Thé vert.*** LA boisson japonaise par excellence. Bourré d'antioxydants, il a cependant l'inconvénient de contrarier l'absorption du fer, surtout d'origine végétale (lentilles…), quand on le consomme au cours d'un repas. Donc de temps en temps, pas de problème, dans la journée, pas de problème, mais évitez d'en boire à chaque repas.
- ***Champignons noirs.*** Dès qu'on parle de plats asiatiques, ils sont là. Avant de les utiliser, réhydratez-les dans de l'eau. Ils gonflent, gonflent, gonflent, et peuvent sextupler de volume, alors attention, ne mettez pas tout le paquet, vous risqueriez l'invasion des champignons ! Ensuite, rincez-les abondamment pour les débarrasser d'éventuels petits résidus et recoupez-les avec une paire de ciseaux. Ne reste plus qu'à les faire cuire : ils ne se mangent pas tels quels, attention.

## La préparation du bloc ou des shiratakis

Pensez à vous mettre au-dessus de l'évier avant d'ouvrir le paquet, un peu d'eau va s'écouler. Ça sent le poisson ? C'est tout à fait normal. De toute façon, il faut rincer abondamment le bloc ou les vermicelles de konjac sous un filet d'eau froide. L'odeur disparaît totalement.

Ensuite, le produit doit être ébouillanté dans une casserole d'eau frémissante pendant environ 1 minute. On re-égoutte, on découpe en cubes, en dés, en lamelles s'il s'agit d'un bloc… et là, on peut enfin passer aux choses sérieuses, c'est-à-dire aux recettes.

## Qu'est-ce que j'en fais ?

Des entrées froides ou chaudes, des soupes, des plats chauds, particulièrement des recettes mijotées avec des légumes et du bouillon, ou encore des desserts. À savoir : plus le konjac cuit, plus il se gorge des saveurs des aliments qui l'entourent. Vous pouvez cuisiner la veille et déguster vos préparations le lendemain, elles n'en seront que meilleures. Pas de crainte non plus concernant la cuisson, le konjac a beau être composé d'eau, il ne battra pas d'un cil, c'est-à-dire qu'il ne fondra pas. De notre côté, nous voulions voir ce qu'il avait dans le ventre. Nous nous sommes donc amusées à lui faire subir toute une batterie d'épreuves et l'avons fait bouillir, mijoter dans des sauces, gratiner au four, poêler, et même passer au micro-ondes. Bilan ? Rien, zéro, nada, aucune fonte, notre konjac a gardé sa forme. De l'eau solide qui ne fond pas, étonnant, non ?

## Combien de temps je le garde ?

Non ouverts, le konnyaku et les shiratakis en sachets se conservent sans problème 6 mois au réfrigérateur. Nos recettes sont conçues pour 4 personnes, mais si vous n'êtes que 2 ou seul, et que vous préférez diviser les quantités par deux, vous pouvez conserver le reste (dans une boîte hermétique afin que son odeur ne se diffuse pas à tout le réfrigérateur) 2 à 3 jours.

## Et la poudre, je peux m'en servir en cuisine ?

Les plus connus des grands chefs se servent régulièrement de poudre de konjac lorsqu'ils souhaitent obtenir des textures innovantes ou créer de nouvelles formes d'aliments. Notez toutefois que cette utilisation culinaire reste réservée aux cuisiniers aguerris ou aux amateurs habitués, car la poudre de konjac a beau être un épaississant, on ne peut pas s'en servir comme de la Maïzena ou de la fécule de pomme de terre. Pour compliquer le tout, les quantités employées sont de l'ordre du gramme, et les erreurs de manipulation ou de dosage arrivent vite.

# 76 RECETTES AU KONJAC

Un pictogramme vous indiquera chaque fois s'il s'agit de bloc ou de pâtes (shiratakis).

Pictogramme du konjac en bloc

Pictogramme du konjac en shiratakis (pâtes zéro calorie)

# Soupes, salades & Cie

# Potage « Lendemain de fête »

*Détox*

***Pour 4 personnes***
***Préparation : 5 minutes***
***Cuisson : 30 minutes***

**Ingrédients :** 1 paquet de shiratakis de konjac ; 1 blanc de poulet ; 1 carotte ; 1 c. à s. de sauce soja ; 200 g de fleurettes de brocoli ; 1 c. à s. de gingembre frais râpé ; 4 c. à c. de coriandre ciselée.

- Égouttez les shiratakis dans une passoire et rincez-les sous un filet d'eau froide. Plongez-les 1 minute dans une casserole d'eau frémissante puis égouttez à nouveau.
- Faites pocher le poulet 8 minutes dans une casserole d'eau frémissante. Égouttez. Pendant ce temps, épluchez la carotte, coupez-la en rondelles.
- Portez 1,5 l d'eau à frémissements. Ajoutez les rondelles de carottes, les fleurettes de brocoli et le gingembre. Faites cuire 15 minutes à feu doux. Les carottes doivent être juste tendres.
- Coupez le blanc de poulet en dés et ajoutez-les au potage ainsi que la sauce soja et les shiratakis.
- Faites cuire encore 2 minutes et servez parsemé de coriandre ciselée.

**☆ L'astuce magique**

« Lendemain de fête », car il s'agit d'un vrai plat complet léger, à adopter sans hésiter le lendemain d'un dîner trop copieux. Ne salez pas, la sauce soja s'en charge. Pour la suite ? Un fruit en guise de dessert.

# Potage aux moules

*Super-rassasiant, antifatigue*

***Pour 4 personnes***
***Préparation : 10 minutes***
***Cuisson : 11 minutes***

**Ingrédients :** 1 paquet de shiratakis de konjac ; 200 g de moules surgelées ; 1 petit blanc de poireau ; 1 échalote ; 1 c. à s. de basilic ciselé ; poivre.

- Égouttez les shiratakis dans une passoire et rincez-les sous un filet d'eau froide. Plongez-les 1 minute dans une casserole d'eau frémissante puis égouttez à nouveau.
- Émincez le blanc de poireau en fines rondelles. Pelez et émincez l'échalote. Mettez le tout dans la casserole ainsi que les moules. Versez 75 cl d'eau, poivrez et portez à frémissements puis laissez cuire 10 minutes sur feu doux. Ajoutez les shiratakis et parsemez de basilic.

**L'astuce magique**

Pour étoffer le potage, vous pouvez ajouter au choix des champignons émincés, des pois gourmands, des dés de courgettes…

# Potage express à la julienne de légumes

*Super-rassasiant, équilibre acido-basique*

***Pour 4 personnes***
***Préparation : 5 minutes***
***Cuisson : 11 minutes***

**Ingrédients :** 1 paquet de shiratakis de konjac ; 300 g de julienne de légumes surgelée ; sel, poivre.

- Égouttez les shiratakis dans une passoire et rincez-les sous un filet d'eau froide. Plongez-les 1 minute dans une casserole d'eau frémissante puis égouttez à nouveau.
- Mettez la julienne dans la casserole avec 1,5 l d'eau. Salez, poivrez, portez à frémissements et laissez mijoter 10 minutes.

**L'astuce magique**

Si vous avez le temps, préparez vous-même la julienne : détaillez une carotte, une courgette et un quart de boule de céleri-rave en petits dés.

# Potage glacé à la coriandre

*Super-digeste*

***Pour 4 personnes***
***Préparation : 15 minutes***
***Cuisson : 21 minutes***
***Réfrigération : 1 heure***

**Ingrédients :** 2 blocs de konjac ; 4 courgettes ; 1 yaourt à 0 % ; 1 c. à s. de coriandre ciselée ; poivre.

- Égouttez le konjac dans une passoire et rincez-le sous un filet d'eau froide. Plongez-le 1 minute dans une casserole d'eau frémissante puis égouttez à nouveau et coupez-le en dés.
- Rincez les courgettes. Ôtez les extrémités et détaillez-les en rondelles puis faites-les cuire à couvert 20 minutes dans 1 l d'eau.
- Mixez de façon à obtenir un velouté parfaitement lisse. Laissez refroidir puis incorporez le yaourt préalablement battu, la coriandre et les dés de konjac. Salez, poivrez.
- Réservez 1 heure au réfrigérateur et servez bien frais dans des bols.

**✯ L'astuce magique**

Au moment de servir, décorez chaque bol de quelques dés de tomate crue et d'un filet d'huile d'olive. Vous devez amadouer des enfants ? Émincez le bloc de konjac en deux dans l'épaisseur avec un couteau bien tranchant à longue lame, et découpez des formes (étoiles, cœurs, animaux…) à l'aide d'emporte-pièce. Et partez à la pêche !

# SALADE « DE RESTES »

*Super-rassasiante, antioxydante*

***Pour 4 personnes***
***Préparation : 5 minutes***
***Cuisson : 10 à 12 minutes***

**Ingrédients :** 2 paquets de shiratakis de konjac ; 1 échalote ; 1 petit bocal de pointes d'asperges vertes ; 200 g de tomates-cerises ; 300 g de restes de gigot d'agneau froid ; 1 c. à c. de moutarde ; 2 c. à s. de crème de soja ; 2 c. à s. de vinaigre de vin ; poivre.

- Égouttez les shiratakis dans une passoire et rincez-les sous un filet d'eau froide. Plongez-les 1 minute dans une casserole d'eau frémissante puis égouttez à nouveau.
- Égouttez délicatement les asperges dans une passoire. Pelez et émincez l'échalote. Coupez les tomates-cerises en deux. Détaillez le reste de gigot en dés, en enlevant le gras visible.
- Fouettez la moutarde avec la crème de soja, le vinaigre, du sel et du poivre. Mélangez l'échalote, les tomates, le gigot et la vinaigrette puis les shiratakis. Disposez délicatement les asperges par-dessus. Réservez au frais jusqu'au moment de servir.

**☆ L'astuce magique**

Les asperges en bocal n'ont pas le charme des asperges fraîches mais sont très pratiques à utiliser. Le compromis : des asperges surgelées que vous ferez cuire 10 minutes à la vapeur. Sinon, vous pouvez les remplacer par autant de haricots verts.

# Salade à l'italienne

*Antigrignotages, le max de protéines*

***Pour 4 personnes***
***Préparation : 10 minutes***
***Cuisson : 7 minutes***

**Ingrédients :** 2 paquets de shiratakis de konjac ; 10 tranches de viande des Grisons ; 200 g de fromage frais à tartiner allégé (type Saint-Môret) ; 20 tomates-cerises ; 125 g de fèves fraîches ou surgelées ; 20 billes de mozzarella ; 1 c. à s. de basilic ciselé ; 2 c. à s. de pignons.

- Égouttez les shiratakis dans une passoire et rincez-les sous un filet d'eau froide. Plongez-les 1 minute dans une casserole d'eau frémissante et égouttez à nouveau.
- Coupez les tranches de viande des Grisons en deux dans la longueur. Tartinez de fromage frais et roulez chaque tranche sur elle-même. Taillez-les en petits tronçons de 1 à 2 cm de long.
- Faites cuire les fèves 6 minutes à l'eau bouillante salée. Égouttez et laissez refroidir. Coupez les tomates-cerises en deux. Dorez les pignons quelques instants dans une poêle antiadhésive.
- Mélangez les shiratakis avec les fèves, le basilic et les tomates. Ajoutez délicatement les roulés et les billes de mozzarella, puis parsemez de pignons.

**L'astuce magique**

Pour que les roulés se coupent facilement, placez-les 30 minutes au congélateur.

# Salade au jambon Working Girl

*Antifatigue*

***Pour 4 personnes***
***Préparation : 10 minutes***
***Cuisson : 1 minute***

**Ingrédients :** 2 paquets de shiratakis de konjac ; 200 g de talon de jambon blanc ; ½ concombre ; 2 tomates ; 1 c. à c. de moutarde à l'ancienne ; 1 c. à s. de vinaigre de vin ; 2 c. à s. de crème de soja ; 2 c. à s. de ciboulette ciselée ; sel, poivre.

- Égouttez les shiratakis dans une passoire et rincez-les sous un filet d'eau froide. Plongez-les 1 minute dans une casserole d'eau frémissante puis égouttez à nouveau.
- Coupez le jambon en dés. Rincez et séchez le concombre et les tomates, coupez le premier en tout petits dés et les secondes en quartiers.
- Mélangez délicatement les légumes, le jambon et les shiratakis. Fouettez la moutarde et le vinaigre, puis ajoutez la crème en mélangeant. Salez, poivrez, versez sur la salade et parsemez de ciboulette.

**L'astuce magique**

Préparée la veille au soir ou le matin et mise dans une « *lunch box* », cette salade vous accompagnera au bureau pour un déjeuner express. À la place des tomates en quartiers, qui rendent beaucoup de jus, surtout après quelques heures passées dans une boîte, mettez des tomates-cerises entières (6). Vous trouverez difficilement plus light à la boulangerie d'à côté !

# Salade au saumon fumé

*Super-mémoire, bonne humeur*

***Pour 4 personnes***
***Préparation : 5 minutes***
***Cuisson : 1 minute***

**Ingrédients :** 2 paquets de shiratakis de konjac ; 1 poignée de mâche ; ½ concombre ; 2 c. à s. de câpres ; 4 tranches de saumon fumé ; 1 citron ; 2 c. à s. de ciboulette ciselée ; poivre.

- Rincez et séchez soigneusement le concombre. Coupez-le en dés, et taillez le saumon en lanières.
- Égouttez les shiratakis dans une passoire et rincez-les sous un filet d'eau froide. Plongez-les 1 minute dans une casserole d'eau frémissante et égouttez à nouveau.
- Ajoutez le saumon fumé, le concombre, la ciboulette, la mâche, les câpres et un peu de poivre. Accompagnez de quartiers de citron.

**L'astuce magique**

Truite fumée, haddock, maquereau, hareng… Tous les poissons fumés conviennent pour cette recette.

# Salade croquante comme à Okinawa

*Végétarienne, antioxydante*

***Pour 4 personnes***
***Préparation : 10 minutes***
***Cuisson : 1 minute***

**Ingrédients :** 2 paquets de shiratakis de konjac ; 200 g de tofu ; 1 botte de radis roses ; ¼ d'oignon rouge ; 2 c. à s. de jus de citron ; 4 c. à s. de crème de soja ; 1 c. à s. de ciboulette ciselée ; sel.

- Égouttez les shiratakis dans une passoire et rincez-les sous un filet d'eau froide. Plongez-les 1 minute dans une casserole d'eau frémissante puis égouttez à nouveau.
- Coupez le tofu en dés. Ôtez la queue et les radicelles des radis, lavez-les à l'eau froide, séchez-les puis coupez-les en rondelles. Pelez et émincez l'oignon rouge.
- Fouettez la crème de soja, la ciboulette et le jus de citron, salez. Mettez les shiratakis dans un saladier, ajoutez le tofu, l'oignon, les radis et la sauce, mélangez et réservez au frais jusqu'au moment de servir.

**☆ L'astuce magique**

Vous n'aimez pas le tofu ? Remplacez-le par des dés de blancs de poulet.

# SALADE DE CONCOMBRE À LA THAÏE

*Bonne pour le métabolisme*

***Pour 4 personnes***
***Préparation : 15 minutes***
***Cuisson : 4 minutes***

**Ingrédients :** 2 paquets de shiratakis de konjac ; 1 concombre ; 3 carottes ; 1 poignée de germes de soja frais ; 1 c. à c. de gingembre frais râpé ; 2 c. à s. de sauce soja douce ; 1 citron ; 200 g de crevettes cuites et décortiquées ; 1 c. à s. de coriandre ciselée.

- Égouttez les shiratakis dans une passoire et rincez-les sous un filet d'eau froide. Plongez-les 1 minute dans une casserole d'eau frémissante puis égouttez à nouveau.
- Épluchez les carottes, détaillez-les en longues lamelles à l'aide d'un couteau-économe, comme si vous les épluchiez. Rincez le concombre et coupez-le en rondelles. Mélangez le tout dans un saladier avec les germes de soja et les shiratakis. Pressez le citron et fouettez son jus avec la sauce soja et le gingembre râpé. Versez sur la salade.
- Saisissez les crevettes 3 minutes dans une poêle antiadhésive chaude. Disposez les crevettes sur les légumes, parsemez de coriandre et servez aussitôt.

**L'astuce magique**

Vous pouvez remplacer le concombre par de très jeunes courgettes crues. Elles ne renferment pas de pépins durs, et leurs fibres sont très bien tolérées par l'intestin. Facultatif : parsemez la salade de 1 c. à s. de graines de sésame.

# Salade fermière

*Antigrignotages, super-immunité*

***Pour 4 personnes***
***Préparation : 10 minutes***
***Cuisson : 10 à 15 minutes***

**Ingrédients :** 2 paquets de shiratakis de konjac ; 2 blancs de poulet ; 200 g de fleurettes de brocolis ; 1 poire ; 4 noix ; 1 c. à c. rase de moutarde à l'ancienne ; 2 c. à s. de crème de soja ; 1 c. à s. de vinaigre de vin ; poivre.

- Faites cuire les blancs de poulet et les fleurettes de brocoli à la vapeur. Comptez 10 minutes pour le brocoli, qui doit rester *al dente*, et 10 à 15 minutes pour les blancs de poulet, selon leur épaisseur. Coupez-les ensuite en fines lamelles. Cassez les noix, récupérez les éclats.
- Fouettez la moutarde avec le vinaigre et la crème de soja. Poivrez. Égouttez les shiratakis dans une passoire et rincez-les sous un filet d'eau froide. Plongez-les 1 minute dans une casserole d'eau frémissante et égouttez à nouveau.
- Versez la sauce sur les shiratakis, mélangez, ajoutez le poulet, la poire non pelée et coupée en fins quartiers ainsi que les brocolis. Mélangez délicatement.

**L'astuce magique**

Avec sa sauce extra-light, cette salade complète est parfaite pour une « lunch box » ou pour un déjeuner entre copines au régime.

# SALADE JAPONAISE

*Antioxydante*

***Pour 4 personnes***
***Préparation : 10 minutes***
***Cuisson : 1 minute***

**Ingrédients :** 2 paquets de shiratakis de konjac ; 250 g de tomates-cerises ; 1 gros avocat ; 1 petit pot d'œufs de truite ; 1 citron ; 1 c. à s. de ciboulette.

- Ouvrez l'avocat, ôtez le noyau puis pelez-le et coupez la chair en dés. Mettez-les dans un saladier et arrosez de jus de citron.
- Égouttez les shiratakis dans une passoire et rincez-les sous un filet d'eau froide. Plongez-les 1 minute dans une casserole d'eau frémissante et égouttez à nouveau. Rincez et séchez les tomates-cerises, coupez chacune en deux.
- Mettez les shiratakis et les tomates-cerises dans le saladier, mélangez délicatement le tout avec l'avocat. Ajoutez les œufs de truite, la ciboulette et servez aussitôt.

**L'astuce magique**

Pour une salade au goût très typique, ajoutez 2 c. à s. d'huile de sésame.

# Salade mentholée

*Haleine fraîche, super-digeste*

***Pour 4 personnes***
***Préparation : 10 minutes***
***Cuisson : 1 minute***

**Ingrédients :** 2 paquets de shiratakis de konjac ; 1 poignée de germes de soja frais ; 20 feuilles de menthe fraîche ; 4 c. à s. de crème de soja ; 1 citron ; sel, poivre.

- Égouttez les shiratakis dans une passoire et rincez-les sous un filet d'eau froide. Plongez-les 1 minute dans une casserole d'eau frémissante puis égouttez à nouveau. Ciselez la menthe (gardez 8 feuilles pour la décoration). Pressez le citron.
- Dans un saladier, mélangez les shiratakis, le jus de citron, la crème de soja, la menthe ciselée, du sel et du poivre.
- Ajoutez les germes de soja, mélangez une dernière fois et décorez avec les feuilles de menthe réservées.

**L'astuce magique**

Ajoutez des crevettes, du poulet ou du thon pour faire de cette recette un plat complet. Cette salade est meilleure servie très fraîche.

# Shiratakis aux crevettes et à l'aneth

*Hyperprotéinés*

***Pour 4 personnes***
***Préparation : 5 minutes***
***Cuisson : 1 minute***

**Ingrédients :** 2 paquets de shiratakis de konjac ; 150 g de crevettes cuites et décortiquées ; 1 c. à s. de fromage blanc à 0 % ; 20 tomates-cerises ; 1 poignée de roquette ; ½ citron ; sel, poivre.

- Égouttez les shiratakis dans une passoire et rincez-les sous un filet d'eau froide. Plongez-les 1 minute dans une casserole d'eau frémissante et égouttez à nouveau. Laissez refroidir.
- Mélangez le fromage blanc avec le jus de citron, du sel et du poivre.
- Dans un saladier, mélangez cette sauce avec les shiratakis, les crevettes, les tomates-cerises coupées en deux et la roquette. Servez frais.

**L'astuce magique**

Parfumez la sauce au fromage blanc avec de la ciboulette ou de l'aneth.

# Soupe à l'oignon et aux vermicelles

*Super-rassasiante, revigorante, antirhume*

*Pour 4 personnes*
*Préparation : 5 minutes*
*Cuisson : 16 minutes*

**Ingrédients :** 1 paquet de shiratakis de konjac ; 2 c. à s. d'huile d'olive ; 3 gros oignons ; sel, poivre.

- Égouttez les shiratakis dans une passoire et rincez-les sous un filet d'eau froide. Plongez-les 1 minute dans une casserole d'eau frémissante puis égouttez à nouveau.
- Pelez et émincez les oignons. Chauffez l'huile dans une cocotte, faites revenir les oignons pendant 5 minutes en remuant. Quand ils sont translucides, salez, poivrez puis versez 1 l d'eau.
- Portez à ébullition et laissez cuire 10 minutes. Ajoutez les shiratakis et servez aussitôt.

**L'astuce magique**

Tout l'art de cette recette consiste à ne pas faire noircir les oignons. Remuez-les sans arrêt, et toujours sur feu doux.

# Mes petites recettes marines

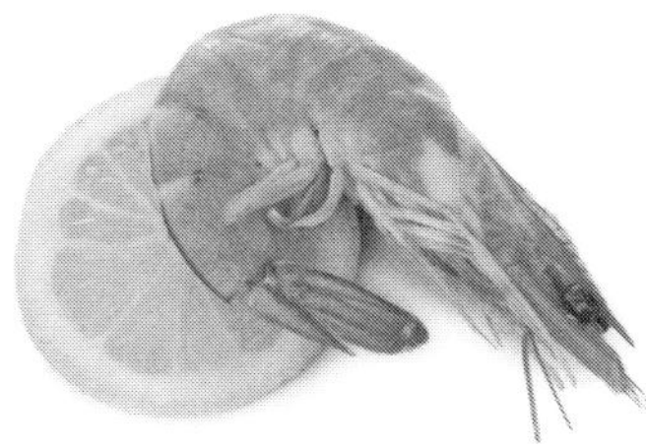

# Cabillaud aux épices

*Brûle-graisses, super-protecteur*

***Pour 4 personnes***
***Préparation : 5 minutes***
***Cuisson : 9 minutes***

**Ingrédients :** 2 paquets de shiratakis de konjac ; 4 dos de cabillaud ; 1 c. à c. bombée de curry ; 1 c. à c. bombée de cumin en poudre ; 2 c. à s. de persil ciselé ; 1 citron ; sel, poivre.

- Égouttez les shiratakis dans une passoire et rincez-les sous un filet d'eau froide. Plongez-les 1 minute dans une casserole d'eau frémissante puis égouttez à nouveau.
- Dans une assiette creuse, mélangez le curry, le cumin, le persil, du sel et du poivre puis passez-y les dos de cabillaud de chaque côté.
- Chauffez une grande poêle antiadhésive et faites dorer les dos de cabillaud 4 minutes environ de chaque côté. Servez aussitôt, avec les shiratakis et des quartiers de citron.

**L'astuce magique**

Vous pouvez préparer des pavés de saumon de la même façon.

# CRABCAKES AUX VERMICELLES

*Originaux, boosteurs de métabolisme*

***Pour 8 ramequins***
***Préparation : 10 minutes***
***Cuisson : 15 minutes***

**Ingrédients :** 1 paquet de shiratakis de konjac ; 250 g de chair de crabe ; 3 œufs ; 10 cl de crème de soja ; 1 pincée de piment de Cayenne ; sel, poivre.

- Préchauffez le four th. 7 (210 °C).
- Égouttez les shiratakis dans une passoire et rincez-les sous un filet d'eau froide. Plongez-les 1 minute dans une casserole d'eau frémissante puis égouttez à nouveau.
- Dans un saladier, battez les œufs en omelette avec la crème, le piment de Cayenne, du sel et du poivre. Ajoutez la chair de crabe bien égouttée.
- Répartissez les shiratakis dans 8 ramequins individuels beurrés allant au four, en ne les remplissant pas à plus de la moitié.
- Versez par-dessus le mélange aux miettes de crabe, et glissez au four 15 minutes.
- Laissez tiédir quelques minutes, démoulez puis servez chaud ou froid.

**L'astuce magique**

Vous pouvez remplacer la chair de crabe par des miettes de surimi. Idée de service : proposez un coulis de tomate relevé de ciboulette ciselée en accompagnement. Avec une grosse salade verte, ces crabcakes peuvent ainsi constituer un plat léger.

# Curry de crevettes à la mangue

*Tonus*

***Pour 4 personnes***
***Préparation : 10 minutes***
***Cuisson : 15 à 20 minutes***

**Ingrédients :** 2 paquets de shiratakis de konjac ; 400 g de crevettes cuites et décortiquées ; 20 cl de crème de soja ; 1 c. à s. de gingembre frais râpé ; ½ mangue un peu ferme ; 2 c. à s. de coriandre ciselée ; 1 c. à c. bombée de curry ; sel, poivre.

- Détaillez la chair de la mangue en cubes en éliminant la peau.
- Chauffez une sauteuse ou un wok, ajoutez les crevettes et le gingembre et laissez revenir pendant 2 minutes en remuant, sur feu moyen. Salez, poivrez, ajoutez le curry, les cubes de mangue et la crème de soja. Couvrez et faites mijoter 10 minutes sur feu doux.
- Égouttez les shiratakis dans une passoire et rincez-les sous un filet d'eau froide. Plongez-les 1 minute dans une casserole d'eau frémissante et égouttez à nouveau.
- Mélangez les shiratakis avec le curry de crevettes et parsemez de coriandre ciselée.

**L'astuce magique**

Si vous n'avez pas l'habitude d'utiliser du gingembre frais, achetez-le prêt à l'emploi au rayon surgelés. Déjà pelé et coupé en mini-dés, il suffit de le doser directement dans une cuillère avant de l'ajouter sans décongélation dans la préparation. Facultatif : parsemez le plat de graines de sésame.

# Poêlée de pétoncles aux tomates séchées

*Régime méditerranéen, protection cardiaque*

***Pour 4 personnes***
***Préparation : 5 minutes***
***Cuisson : 5 minutes***

**Ingrédients :** 2 paquets de shiratakis de konjac ; 300 g de noix de pétoncles surgelées ; 8 tomates séchées à l'huile d'olive ; 2 c. à s. de coriandre ciselée ; 2 c. à s. de persil ciselé ; 1 citron ; poivre.

- Égouttez les shiratakis dans une passoire et rincez-les sous un filet d'eau froide. Plongez-les 1 minute dans une casserole d'eau frémissante puis égouttez à nouveau et laissez refroidir.
- Faites décongeler les pétoncles selon les indications du sachet, égouttez-les. Coupez les tomates séchées en lanières.
- Chauffez une poêle antiadhésive et faites-y dorer les pétoncles, 2 minutes environ. Poivrez, ajoutez le jus du citron, les tomates, les shiratakis et les herbes ciselées.

**☆ L'astuce magique**

Les tomates séchées à l'huile d'olive sont vraiment plus goûteuses que celles séchées « au naturel », c'est pourquoi nous les préférons dans cette recette. Égouttez-les et tamponnez-les avec plusieurs feuilles de papier absorbant de façon à les débarrasser d'un trop-plein d'huile. Vous pouvez aussi choisir des tomates séchées « nature » pour une recette super-light. Pour une version « luxe », remplacez les pétoncles par des Saint-Jacques.

# Poêlée marine aux brocolis

*Antioxydante*

***Pour 4 personnes***
***Préparation : 10 minutes***
***Cuisson : 15 minutes***

**Ingrédients :** 2 paquets de shiratakis de konjac ; 600 g de fleurettes de brocolis ; 500 g de moules décoquillées (surgelées) ; 100 g de fromage à l'ail et aux fines herbes (allégé) ; poivre.

- Égouttez les shiratakis dans une passoire et rincez-les sous un filet d'eau froide. Plongez-les 1 minute dans une casserole d'eau frémissante puis égouttez à nouveau.
- Faites cuire le brocoli (8 minutes à l'eau ou 10 minutes à la vapeur).
- Faites décongeler les moules 5 minutes à la casserole. Jetez l'eau rendue. Remettez les moules dans la casserole avec le fromage à l'ail et aux fines herbes, chauffez en mélangeant pour le faire fondre, puis poivrez et ajoutez les fleurettes de brocoli et les shiratakis. Mélangez délicatement pour répartir la sauce.

**L'astuce magique**

Parsemez le plat de ciboulette ciselée au moment de servir. Et ne vous sentez pas obligé de resaler : les moules et le fromage à l'ail le sont suffisamment.

# SAUMON RÔTI AUX PETITS LÉGUMES

*Bonne humeur*

***Pour 4 personnes***
***Préparation : 10 minutes***
***Cuisson : 20 minutes***

**Ingrédients :** 2 paquets de shiratakis de konjac ; 4 pavés de saumon frais (avec la peau) ; 2 c. à s. d'huile d'olive ; 1 gousse d'ail ; 1 blanc de poireau ; 2 grosses carottes ; poivre.

- Égouttez les shiratakis dans une passoire et rincez-les sous un filet d'eau froide. Plongez-les 1 minute dans une casserole d'eau frémissante et égouttez à nouveau.
- Pelez et émincez la gousse d'ail. Lavez soigneusement le blanc de poireau et émincez-le en très fines tranches. Épluchez et râpez les carottes.
- Chauffez 1 c. à s. d'huile dans une poêle et mettez l'ail et le blanc de poireau à dorer tout en remuant. Ajoutez les carottes râpées, poivrez légèrement et faites cuire 10 minutes sur feu doux, en remuant régulièrement.
- Incorporez les shiratakis dans la poêlée, mélangez et couvrez. Chauffez le reste de l'huile dans une poêle antiadhésive et faites cuire les pavés de saumon côté peau pendant 8 minutes, sans les retourner.
- Servez les pavés aussitôt, accompagnés des shiratakis aux légumes.

**L'astuce magique**

Remplacez le poivre par une pincée de piment de Cayenne ou d'Espelette (plus doux). Résultat délicieusement relevé ! Et accompagnez chaque assiette d'un quartier de citron.

# Shiratakis à l'espagnole

*Anticholestérol*

***Pour 4 personnes***
***Préparation : 5 minutes***
***Cuisson : 5 à 6 minutes***

**Ingrédients :** 2 paquets de shiratakis de konjac ; 20 tomates-cerises ; 1 gousse d'ail ; 2 c. à s. d'huile d'olive ; 400 g de moules décoquillées surgelées ; 1 c. à c. de thym ; poivre.

- Faites décongeler les moules 4 à 5 minutes à la casserole avec un fond d'eau. Égouttez.
- Pelez et émincez la gousse d'ail. Chauffez l'huile dans une sauteuse, ajoutez l'ail et les tomates-cerises entières, en remuant régulièrement la sauteuse pour y faire rouler les tomates, jusqu'à ce qu'elles soient tendres et que leur peau se soit fendue. Poivrez et parsemez de thym.
- Égouttez les shiratakis dans une passoire et rincez-les sous un filet d'eau froide. Plongez-les 1 minute dans une casserole d'eau frémissante et égouttez à nouveau, mélangez avec les moules et, délicatement, avec les tomates-cerises. Servez aussitôt.

**L'astuce magique**

Les tomates-cerises sont évidemment plus jolies, mais vous pouvez utiliser 2 tomates classiques coupées en dés.

# SHIRATAKIS À LA TRUITE FUMÉE

*Antistress, super-light*

***Pour 4 personnes***
***Préparation : 5 minutes***
***Cuisson : 3 minutes***

**Ingrédients :** 2 paquets de shiratakis de konjac ; 10 cl de crème allégée ; 150 g de truite fumée ; 2 c. à c. de baies roses ; 1 c. à c. d'aneth ciselé.

- Coupez la truite fumée en lanières.
- Égouttez les shiratakis dans une passoire et rincez-les sous un filet d'eau froide. Plongez-les 1 minute dans une casserole d'eau frémissante et égouttez à nouveau.
- Remettez dans la casserole avec la crème et les baies roses, chauffez pendant 2 minutes environ. Ajoutez les lanières de truite et parsemez d'aneth. Servez aussitôt.

**L'astuce magique**

Vous pouvez remplacer la crème allégée par de la crème de soja.

# SHIRATAKIS AU CRABE

*Protéinés*

***Pour 4 personnes***
***Préparation : 10 minutes***
***Cuisson : 5 minutes***

**Ingrédients :** 2 paquets de shiratakis de konjac ; 2 boîtes de chair de crabe ; 2 c. à s. de ricotta ; poivre.

- Égouttez la chair de crabe. Égouttez les shiratakis dans une passoire et rincez-les sous un filet d'eau froide. Plongez-les 1 minute dans une casserole d'eau frémissante et égouttez à nouveau.
- Mettez le fromage dans la casserole, chauffez légèrement, ajoutez la chair de crabe, poivrez, mélangez de façon à obtenir un ensemble homogène puis ajoutez les shiratakis.

**L'astuce magique**

Ajoutez 1 c. à s. d'eau à la ricotta pour lui permettre de fondre plus facilement. Facultatif : parsemez le plat de graines de sésame.

# Shiratakis au tartare de saumon

*Super-mémoire, antidéprime, anti-inflammatoires*

***Pour 4 personnes***
***Préparation : 5 minutes***
***Cuisson : 1 minute***

**Ingrédients :** 2 paquets de shiratakis de konjac ; 400 g de saumon frais ; 1 petite échalote ; 1 c. à s. de coriandre ciselée ; 1 c. à c. de gingembre frais râpé.

- Égouttez les shiratakis dans une passoire et rincez-les sous un filet d'eau froide. Plongez-les 1 minute dans une casserole d'eau frémissante et égouttez à nouveau. Laissez refroidir.
- Pelez l'échalote. Coupez-la en tout petits dés ainsi que le saumon. Mélangez avec la coriandre et le gingembre. Disposez en dômes sur les assiettes et entourez de shiratakis.

**☆ L'astuce magique**

Parfumé à la coriandre et au gingembre, ce tartare de saumon prend des airs exotiques. Si vous préférez des saveurs plus classiques, supprimez le gingembre et remplacez la coriandre par de la ciboulette.

# Shiratakis aux calamars

*Bons pour le métabolisme*

***Pour 4 personnes***
***Préparation : 10 minutes***
***Cuisson : 11 minutes***

**Ingrédients :** 2 paquets de shiratakis de konjac ; 1 gousse d'ail ; 2 c. à s. de ciboulette ciselée ; 400 g de calamars surgelés ; ½ citron ; 2 c. à s. d'huile d'olive ; sel, poivre.

- Pelez et émincez la gousse d'ail. Faites décongeler les calamars selon les indications du paquet.
- Chauffez l'huile dans une sauteuse, faites-y revenir l'ail et les calamars en remuant pendant 3 minutes. Salez, poivrez, arrosez de jus de citron et faites cuire encore 7 minutes sur feu doux.
- Égouttez les shiratakis dans une passoire et rincez-les sous un filet d'eau froide. Plongez-les 1 minute dans une casserole d'eau frémissante et égouttez à nouveau, mélangez avec les calmars, parsemez de ciboulette et servez aussitôt.

**L'astuce magique**

Ajoutez des tomates-cerises coupées en deux à la poêlée de calamars : une petite touche de couleur et de vitamines en plus !

# Shiratakis aux pétoncles

*Anticholestérol,*
*anti-syndrome prémenstruel*

***Pour 4 personnes***
***Préparation : 5 minutes***
***Cuisson : 3 minutes***

**Ingrédients :** 2 paquets de shiratakis de konjac ; 300 g de noix de pétoncles (surgelées) ; 1 c. à s. de graines de sésame ; sel, poivre.

- Faites décongeler les noix de pétoncles selon les indications de l'emballage. Égouttez-les, tamponnez-les avec du papier absorbant puis parsemez-les de graines de sésame de chaque côté.
- Chauffez une poêle antiadhésive, et faites-les dorer 1 minute de chaque côté. Salez, poivrez.
- Égouttez les shiratakis dans une passoire et rincez-les sous un filet d'eau froide. Plongez-les 1 minute dans une casserole d'eau frémissante et égouttez à nouveau, mélangez délicatement avec les noix de pétoncles.

**L'astuce magique**

Rapidement poêlées, les noix de pétoncles restent tendres. Pour une version « luxe », remplacez-les par des Saint-Jacques.

# Shiratakis comme à Saint-Tropez

*Super-mémoire, bonus calcium*

***Pour 4 personnes***
***Préparation : 15 minutes***
***Cuisson : 3 minutes***

**Ingrédients :** 2 paquets de shiratakis de konjac ; 2 boîtes de sardines au naturel ; 40 cl de coulis de tomate ; 2 c. à c. de basilic ciselé.

- Égouttez les sardines. Égouttez les shiratakis dans une passoire et rincez-les sous un filet d'eau froide. Plongez-les 1 minute dans une casserole d'eau frémissante et égouttez à nouveau.
- Réchauffez le coulis de tomate, ajoutez les sardines coupées en morceaux grossiers, le basilic et les shiratakis.

**L'astuce magique**

Les sardines au naturel se trouvent de plus en plus facilement. Sinon, choisissez-en à l'huile d'olive, et pressez le couvercle sur les sardines au-dessus de l'évier pour éliminer le maximum d'huile. Dans tous les cas, prenez-les entières et non en filets : le calcium se concentre dans les arêtes, et est très bien assimilé par le corps

# Shiratakis citronnés au thon mi-cuit

*Tonus, spécial gros appétit*

***Pour 4 personnes***
***Préparation : 5 minutes***
***Cuisson : 8 minutes environ***

**Ingrédients :** 2 paquets de shiratakis de konjac ; 4 steaks de thon ; 1 citron bio ; 1 c. à s. d'huile d'olive ; 20 cl de crème de soja ; poivre.

- Prélevez trois bandes de zestes sur le citron. Plongez-les 30 secondes dans une casserole d'eau bouillante, égouttez, recommencez avec une eau propre, égouttez puis taillez-les en fines lanières.
- Chauffez l'huile dans une poêle avec les zestes pendant 5 minutes. Ajoutez le jus du citron, poivrez et faites cuire 2 minutes. Versez la crème et mélangez bien.
- Égouttez les shiratakis dans une passoire et rincez-les sous un filet d'eau froide. Plongez-les 1 minute dans une casserole d'eau frémissante et égouttez à nouveau puis mélangez-les avec la crème au citron.
- Cuisez les steaks de thon 2 minutes environ de chaque côté dans une poêle antiadhésive (plus si vous l'aimez cuit à cœur). Coupez-les en fines tranches et servez-les avec les shiratakis.

**L'astuce magique**

Ces shiratakis se marient très bien avec une volaille ou un pavé de saumon grillé. Vous pouvez aussi passer légèrement les steaks de thon dans des graines de pavot avant de les faire cuire, et ajouter un peu de basilic dans les shiratakis.

# SHIRATAKIS DE LA MER

*Boosteurs de métabolisme*

***Pour 4 personnes***
***Préparation : 10 minutes***
***Cuisson : 10 minutes***

**Ingrédients :** 2 paquets de shiratakis de konjac ; 300 g de moules (surgelées) ; 200 g de cabillaud ; 100 g de champignons de Paris ; 20 cl de crème de soja ; poivre.

- Égouttez les shiratakis de konjac dans une passoire et rincez-les sous un filet d'eau froide. Plongez-les 1 minute dans une casserole d'eau frémissante puis égouttez à nouveau.
- Coupez le cabillaud en petits cubes. Nettoyez les champignons, coupez-les en tranches. Chauffez une poêle antiadhésive. Faites suer les champignons pendant 5 minutes en remuant, jusqu'à ce qu'ils rendent leur eau. Ajoutez les moules, les cubes de cabillaud et la crème, et laissez mijoter 10 minutes. Ajoutez les shiratakis et poivrez.

**L'astuce magique**

Servez parsemé de persil ciselé.

# Shiratakis niçois

## *Bons pour la flore intestinale*

***Pour 4 personnes***
***Préparation : 5 minutes***
***Cuisson : 3 minutes***

**Ingrédients :** 2 paquets de shiratakis de konjac ; 1 grosse boîte de thon blanc au naturel ; 1 bocal de cœurs d'artichauts ; 1 gousse d'ail ; 1 c. à s. de ciboulette ciselée ; poivre.

- Pelez et pressez la gousse d'ail. Égouttez le thon et les artichauts. Écrasez grossièrement le thon pour le détacher en morceaux. Coupez les cœurs d'artichauts en deux ou en quatre et mettez-les dans une poêle avec l'ail, chauffez doucement pendant 2 minutes.
- Égouttez les shiratakis dans une passoire et rincez-les sous un filet d'eau froide. Plongez-les 1 minute dans une casserole d'eau frémissante et égouttez à nouveau, mélangez-les avec les artichauts, rajoutez le thon et poivrez. Parsemez de ciboulette.

**☆ L'astuce magique**

Vous pouvez préparer cette recette avec une boîte de saumon au naturel.

# Shiratakis vanillés au saumon

*Antistress*

***Pour 4 personnes***
***Préparation : 5 minutes***
***Cuisson : 1 minute***

**Ingrédients :** 2 paquets de shiratakis de konjac ; 2 pavés de saumon (250 g) ; ½ gousse de vanille ; 10 cl de crème de soja.

- Fendez la gousse de vanille dans la longueur, grattez les graines à l'aide de la lame d'un couteau.
- Coupez le saumon en gros dés. Égouttez les shiratakis dans une passoire et rincez-les sous un filet d'eau froide. Plongez-les 1 minute dans une casserole d'eau frémissante et égouttez à nouveau.
- Remettez-les dans la casserole avec les grains de vanille, la crème, mélangez délicatement et incorporez les dés de saumon. Servez aussitôt.

**L'astuce magique**

Crus, les dés de saumon sont fondants à souhait. Mais vous pouvez les poêler rapidement (1 à 2 minutes) si vous les préférez cuits. Servez ces shiratakis avec une salade de mâche.

# Tomato shiratakis aux gambas

*Anticholestérol, antioxydants, protection cœur/poumons*

***Pour 4 personnes***
***Préparation : 10 minutes***
***Cuisson : 15 minutes environ***

**Ingrédients :** 2 paquets de shiratakis de konjac ; 400 g de queues de gambas crues surgelées ; 1 boîte de tomates pelées concassées ; 1 c. à s. de câpres ; 1 c. à c. d'origan ; 1 gousse d'ail ; 2 c. à s. d'huile d'olive ; sel, poivre.

- Laissez décongeler les gambas, décortiquez-les en laissant l'extrémité de la queue. Entaillez-les sur toute leur longueur, sans les fendre. Pelez et pressez la gousse d'ail. Chauffez une poêle antiadhésive, faites-y dorer les gambas 3 à 5 minutes. Dès qu'elles ont rosi, ôtez-les de la poêle et posez-les sur une assiette.
- Mettez les tomates concassées dans la poêle avec l'ail, les câpres, l'origan, un peu de sel et du poivre. Laissez réduire sur feu moyen 10 minutes environ.
- Égouttez les shiratakis dans une passoire et rincez-les sous un filet d'eau froide. Plongez-les 1 minute dans une casserole d'eau frémissante et égouttez à nouveau, mélangez avec la sauce et les gambas.

**L'astuce magique**

Pour vous faciliter les choses, achetez des queues de gambas surgelées, cuites et décortiquées. Laissez-les décongeler, égouttez et dorez-les rapidement avec l'ail.

# Wok de fruits de mer au coulis de persil

*Spécial énergie*

***Pour 4 personnes***
***Préparation : 10 minutes***
***Cuisson : 11 minutes***

**Ingrédients :** 2 paquets de shiratakis de konjac ; 400 g de cocktail de fruits de mer surgelés (moules, crevettes, calamars, pétoncles…) ; 1 bouquet de persil plat ; 25 cl de crème allégée à 8 % ou de crème de soja ; 2 gousses d'ail ; 1 oignon ; 2 c. à s. d'huile d'olive ; sel, poivre.

- Laissez décongeler le mélange de fruits de mer. Égouttez les shiratakis dans une passoire et rincez-les sous un filet d'eau froide. Plongez-les 1 minute dans une casserole d'eau frémissante puis égouttez à nouveau.
- Pelez et émincez 1 gousse d'ail et l'oignon. Chauffez l'huile dans une poêle, faites fondre l'ail et l'oignon. Ajoutez les fruits de mer égouttés et laissez cuire sur feu vif, 10 minutes environ. Toute l'eau doit être évaporée.
- Rincez le bouquet de persil, plongez-le 1 minute dans de l'eau bouillante, puis égouttez et mixez-le avec la crème et la gousse d'ail restante, pelée et coupée en deux. Salez, poivrez.
- Réchauffez les shiratakis avec la poêlée de fruits de mer et servez avec le coulis d'herbes.

**L'astuce magique**

N'hésitez pas à marier le persil avec de la coriandre ciselée : moitié-moitié par exemple.

# Wok de soja au thon

*Super-minceur*

***Pour 4 personnes***
***Préparation : 10 minutes***
***Cuisson : 15 minutes***

**Ingrédients :** 2 paquets de shiratakis de konjac ; 200 g de thon au naturel ; 200 g de germes de soja frais ; 2 c. à c. de sauce soja douce ; ½ citron ; poivre.

- Égouttez les shiratakis dans une passoire et rincez-les sous un filet d'eau froide. Plongez-les 1 minute dans une casserole d'eau bouillante puis égouttez à nouveau.
- Rincez les germes de soja, égouttez-les. Égouttez également le thon.
- Chauffez un wok (à défaut, une large sauteuse antiadhésive). Jetez-y les germes de soja, ajoutez le thon égoutté et émietté, le jus de citron, la sauce soja, poivrez et laissez mijoter 10 minutes environ.
- Ajoutez les shiratakis, mélangez délicatement puis servez.

**L'astuce magique**

Cette recette vient d'un ami japonais, qui ajoute aussi un peu d'huile de sésame en fin de cuisson pour donner un goût subtil à la recette. Pas de germes de soja frais ? Tant pis, prenez l'équivalent en boîte. Le résultat sera un peu moins croquant mais pas mal tout de même !

# Mes petites viandes et mes œufs ultra-light

# Bœuf et shiratakis aux oignons

*Antifatigue, riche en fer*

***Pour 4 personnes***
***Préparation : 10 minutes***
***Cuisson : 15 minutes environ***

**Ingrédients :** 2 paquets de shiratakis de konjac ; 4 pavés de bœuf ; 400 g d'oignons jaunes ; 1 c. à s. de vinaigre balsamique ; sel, poivre.

- Égouttez les shiratakis dans une passoire et rincez-les sous un filet d'eau froide. Plongez-les 1 minute dans une casserole d'eau frémissante puis égouttez à nouveau.
- Pelez les oignons et émincez-les. Mettez-les au fur et à mesure dans une casserole avec un fond d'eau. Salez, poivrez, puis couvrez et laissez cuire 10 minutes, ils doivent être bien tendres. Ajoutez le vinaigre et faites réduire en remuant de temps en temps, jusqu'à ce qu'il ne reste plus de liquide. Ajoutez les shiratakis et mélangez.
- Chauffez une poêle antiadhésive. Saisissez les pavés 2 à 3 minutes de chaque côté (ou plus si vous préférez une viande cuite à cœur). Servez aussitôt avec les shiratakis.

**☆ L'astuce magique**

Pour vous éviter la corvée d'épluchage, pensez aux oignons déjà émincés au rayon surgelés.

# Carbo express

*Bonnes pour les yeux*

***Pour 4 personnes***
***Préparation : 5 minutes***
***Cuisson : 10 minutes***

**Ingrédients :** 2 paquets de shiratakis de konjac ; 200 g de talon de jambon ; 2 c. à s. de parmesan râpé ; 4 jaunes d'œufs ; poivre.

- Égouttez les shiratakis dans une passoire et rincez-les sous un filet d'eau froide. Plongez-les 1 minute dans une casserole d'eau frémissante et égouttez à nouveau.
- Coupez le talon de jambon en dés. Mettez-les dans une casserole avec les shiratakis et réchauffez doucement. Répartissez le tout dans des assiettes, parsemez de parmesan et déposez un jaune au centre de chaque portion de shiratakis. Donnez un tour de moulin à poivre et servez aussitôt.

**L'astuce magique**

Ne jetez surtout pas les blancs d'œufs : conservez-les dans un bol couvert de film étirable, au réfrigérateur, et préparez-vous une omelette 100 % protéinée au repas suivant.

# Chicken Pasta

*Anticholestérol, super-minceur*

***Pour 4 personnes***
***Préparation : 15 minutes***
***Cuisson : 20 minutes environ***

**Ingrédients :** 2 paquets de shiratakis de konjac ; 200 g de blancs de poulet ; 1 oignon ; 1 courgette ; 2 c. à s. d'huile d'olive ; sel, poivre.

- Coupez le poulet en petits cubes. Pelez et émincez l'oignon. Rincez la courgette, coupez les extrémités et détaillez-la en dés.
- Chauffez l'huile dans une sauteuse antiadhésive. Ajoutez l'oignon puis faites dorer les morceaux de poulet, 3 minutes environ en remuant. Salez, poivrez, ajoutez les dés de courgette et laissez cuire encore 10 minutes environ.
- Égouttez les shiratakis dans une passoire et rincez-les sous un filet d'eau froide. Plongez-les 1 minute dans une casserole d'eau frémissante et égouttez à nouveau, ajoutez la poêlée et chauffez encore 2 minutes.

**☆ L'astuce magique**

Servez ces shiratakis parsemés de thym frais, comme sur notre photo de couverture.

# CURRY DE DINDE

*Anticholestérol*

***Pour 4 personnes***
***Préparation : 10 minutes***
***Cuisson : 30 minutes***

**Ingrédients :** 1 bloc de konjac ; 400 g de sauté de dinde désossée ; 30 cl de crème de soja ; 6 tomates pelées, égouttées ; 2 oignons ; 3 gousses d'ail ; 1 c. à c. de curcuma ; 1 pincée de cannelle ; 1 c. à s. d'huile d'olive ; sel, poivre.

- Égouttez le konjac dans une passoire et rincez-le sous un filet d'eau froide. Plongez-le 1 minute dans une casserole d'eau frémissante puis égouttez à nouveau. Coupez-le en cubes ou en fines lamelles.
- Pelez et pressez les gousses d'ail, pelez et émincez les oignons. Coupez le sauté de dinde en gros cubes.
- Chauffez l'huile dans une sauteuse, jetez-y les cubes de dinde, l'ail et l'oignon. Poudrez avec les épices, puis ajoutez le konjac, les tomates pelées et la crème de soja.
- Salez, poivrez et laissez mijoter à feu doux 25 à 30 minutes.

**L'astuce magique**

Ajoutez des carottes coupées en petits tronçons.

# Dinde façon normande

*Coupe-faim, bonne pour l'immunité*

***Pour 4 personnes***
***Préparation : 10 minutes***
***Cuisson : 20 minutes environ***

**Ingrédients :** 2 paquets de shiratakis de konjac ; 4 escalopes de dinde ; 2 échalotes ; 20 cl de crème de soja ; 250 g de petits champignons de Paris ; sel, poivre.

- Égouttez les shiratakis de konjac dans une passoire et rincez-les sous un filet d'eau froide. Plongez-les 1 minute dans une casserole d'eau frémissante puis égouttez à nouveau.
- Nettoyez les champignons, coupez la base des pieds puis émincez-les en lamelles. Pelez et émincez les échalotes. Détaillez la dinde en aiguillettes.
- Chauffez une sauteuse antiadhésive. Faites revenir les échalotes, ajoutez les champignons, salez, poivrez et laissez-les suer jusqu'à ce qu'ils aient rendu leur eau. Ajoutez les aiguillettes de dinde, et laissez mijoter 10 minutes à feu doux. Versez la crème de soja, chauffez encore 10 minutes et servez avec les shiratakis.

**L'astuce magique**

Parsemez le tout de persil ou de ciboulette ciselés : le mariage des saveurs est parfait.

# Filet mignon aux champignons noirs

*Super-immunité, anti-syndrome prémenstruel*

***Pour 4 personnes***
***Préparation : 15 minutes***
***Cuisson : 30 minutes***

**Ingrédients :** 2 paquets de shiratakis de konjac ; 400 g de filet mignon ; 25 g de champignons noirs déshydratés ; 1 oignon ; 1 c. à s. d'huile d'olive ; 1 c. à s. de sauce soja douce ; 1 c. à s. de graines de sésame ; sel, poivre.

- Réhydratez les champignons 10 minutes dans de l'eau.
- Pendant ce temps, égouttez les shiratakis dans une passoire et rincez-les sous un filet d'eau froide. Plongez-les 1 minute dans une casserole d'eau frémissante. Égouttez à nouveau.
- Pelez l'oignon, émincez-le. Coupez les champignons réhydratés en morceaux à l'aide d'une paire de ciseaux. Détaillez le filet mignon en aiguillettes.
- Chauffez l'huile dans une poêle, mettez l'oignon à dorer puis ajoutez le filet mignon. Salez légèrement, poivrez. Faites revenir 2 minutes, ajoutez les champignons, versez la sauce soja, un peu d'eau, baissez le feu et laissez mijoter 20 minutes en remuant de temps à autre.
- Ajoutez les shiratakis, mélangez et parsemez de sésame.

**L'astuce magique**

Les champignons noirs se trouvent au rayon asiatique des grandes surfaces. Ils gonflent énormément en se réhydratant, n'hésitez donc pas à les couper à l'aide d'une paire de ciseaux. Vous pouvez aussi utiliser des champignons parfumés.

# Ma Bolo minceur

*Spécial ados, super-rassasiante*

***Pour 4 personnes***
***Préparation : 5 minutes***
***Cuisson : 25 minutes environ***

**Ingrédients :** 2 paquets de shiratakis de konjac ; 300 g de viande de bœuf hachée ; 2 oignons ; 2 c. à s. d'huile d'olive ; 1 boîte de tomates concassées (400 g environ) ; sel, poivre.

- Préchauffez le four th. 7 (210 °C). Égouttez les shiratakis dans une passoire et rincez-les sous un filet d'eau froide. Plongez-les 1 minute dans une casserole d'eau frémissante puis égouttez à nouveau.
- Pelez et émincez les oignons. Faites-les fondre dans l'huile pendant 2 minutes en remuant à l'aide d'une cuillère en bois. Ajoutez la viande tout en continuant à mélanger, salez, poivrez et faites cuire 10 minutes environ. Ajoutez les tomates concassées, les shiratakis et mélangez rapidement.

**L'astuce magique**

Demandez à votre boucher de la viande hachée maigre (5 % de MG environ). La « recette » classique est souvent plus grasse.

# Nouilles sautées super-minceur

*Super-immunité*

***Pour 4 personnes***
***Préparation : 15 minutes***
***Cuisson : 12 à 15 minutes***

**Ingrédients :** 2 paquets de shiratakis de konjac ; 25 g de champignons noirs déshydratés ; 1 blanc de poulet ; 1 courgette ; 1 carotte ; 1 c. à s. d'huile d'olive ; sel, poivre.

- Faites réhydrater les champignons noirs dans un saladier rempli d'eau. Coupez le blanc de poulet en fines lanières. Pelez la carotte et coupez-la en fins bâtonnets ainsi que la courgette.
- Chauffez l'huile dans une sauteuse. Faites revenir l'oignon et les lanières de poulet pendant 3 minutes en remuant, puis ajoutez la carotte, la courgette et les champignons noirs égouttés et coupés en petits morceaux si besoin à l'aide d'une paire de ciseaux. Salez, poivrez, faites cuire 8 minutes sur feu vif en remuant.
- Égouttez les shiratakis dans une passoire et rincez-les sous un filet d'eau froide. Plongez-les 1 minute dans une casserole d'eau frémissante puis égouttez à nouveau. Ajoutez-les dans la sauteuse, mélangez et servez.

**☆ L'astuce magique**

On peut ajouter des petits pois et aussi de la pâte de piment. Laissez votre palais et sa susceptibilité en décider...

# ŒUFS POCHÉS EN NIDS

*Protection des yeux*

***Pour 4 personnes***
***Préparation : 5 minutes***
***Cuisson : 6 minutes***

**Ingrédients :** 2 paquets de shiratakis de konjac ; 4 œufs bio extra-frais ; 200 g de champignons mélangés, frais ou surgelés ; 1 gousse d'ail ; 1 c. à s. de ciboulette ciselée ; 4 c. à s. de vinaigre d'alcool ; sel, poivre.

- Égouttez les shiratakis dans une passoire et rincez-les sous un filet d'eau froide. Plongez-les 1 minute dans une casserole d'eau frémissante puis égouttez à nouveau.
- Pelez et émincez l'ail. Nettoyez les champignons et taillez-les en lamelles. Chauffez une poêle antiadhésive, jetez-y les champignons et faites-les cuire jusqu'à ce qu'ils aient rendu leur eau. Ajoutez l'ail, salez, poivrez et chauffez encore 2 minutes en remuant. Mélangez avec les shiratakis.
- Portez à ébullition une grande casserole d'eau additionnée du vinaigre. Cassez 1 œuf dans un bol et faites-le glisser dans l'eau. Laissez cuire 3 minutes, récupérez-le à l'aide d'une écumoire et déposez-le sur une assiette. Procédez de même pour les autres œufs (ou faites-les cuire tous en même temps si vous avez le tour de main).
- Répartissez les shiratakis sur chaque assiette, déposez un œuf poché par-dessus et parsemez de ciboulette.

**☆ L'astuce magique**

Si vous avez peur de rater les œufs pochés, optez pour la version « mollets » : faites-les cuire dans une casserole d'eau bouillante comme des œufs durs, mais stoppez la cuisson au bout de 5 à 6 minutes. Le jaune ne sera plus coulant mais encore fondant.

# PIPERADE « PLUS FAIM APRÈS »

*Anticholestérol, régime méditerranéen*

***Pour 4 personnes***
***Préparation : 10 minutes***
***Cuisson : 20 minutes***

**Ingrédients :** 1 bloc de konjac ; 4 tomates ; 1 poivron rouge ; 1 gousse d'ail ; 2 oignons ; 2 c. à s. d'huile d'olive ; 1 pincée de piment d'Espelette ; 4 œufs ; 4 tranches de jambon cru.

- Égouttez le konjac et rincez-le sous un filet d'eau froide. Plongez-le 1 minute dans une casserole d'eau bouillante et égouttez à nouveau. Coupez-le en cubes.
- Pelez les oignons et la gousse d'ail et émincez-les finement. Coupez les tomates en dés. Épépinez le poivron et détaillez la chair en lanières. Dégraissez les tranches de jambon et coupez-les en petits dés.
- Chauffez l'huile dans une sauteuse ou un wok et faites dorer l'ail, les oignons et le jambon pendant 3 minutes en remuant régulièrement. Ajoutez le poivron et le konjac puis les dés de tomates et 1 ou 2 pincées de piment d'Espelette. Mélangez et faites réduire sur feu doux pendant 10 minutes.
- Quand il ne reste presque plus de liquide, battez les œufs en omelette et versez-les sur les légumes. Faites cuire le temps que l'omelette prenne.
- Coupez en parts et servez aussitôt, avec une salade verte.

**✯ L'astuce magique**

Si vous redoutez les saveurs piquantes, ne vous inquiétez pas : le piment d'Espelette, à ne pas confondre avec le piment de Cayenne, offre une saveur parfumée et nettement moins agressive. Et puisque le jambon est déjà bien salé, pas besoin de rajouter de sel…

# Poêlée tropicale à l'ananas

*Brûle-graisses*

***Pour 4 personnes***
***Préparation : 10 minutes***
***Cuisson : 20 minutes***

**Ingrédients :** 2 paquets de shiratakis de konjac ; 2 blancs de poulet ; 1 poignée de germes de soja frais ; 1 poivron rouge ; 6 tranches d'ananas en boîte (au sirop léger) ; 1 c. à s. d'huile d'olive ; 1 pincée de piment de Cayenne ; sel, poivre.

- Égouttez les shiratakis dans une passoire et rincez-les sous un filet d'eau froide. Plongez-les 1 minute dans une casserole d'eau frémissante puis égouttez à nouveau.
- Détaillez les blancs de poulet en cubes. Rincez le poivron, ôtez le pédoncule et les pépins puis coupez-le en carrés. Égouttez les tranches d'ananas en conservant le jus et coupez-les en morceaux. Rincez les germes de soja.
- Chauffez l'huile dans une sauteuse (ou un wok). Jetez les cubes de poulet et faites-les dorer 3 minutes de tous les côtés sur feu vif. Baissez le feu, salez, poivrez, ajoutez le poivron, les morceaux puis le jus d'ananas. Couvrez et faites cuire 15 minutes.
- En fin de cuisson, ajoutez les shiratakis, les germes de soja, parsemez de piment de Cayenne et mélangez délicatement avant de servir.

**L'astuce magique**

Ajoutez les germes de soja au dernier moment. Ils resteront ainsi frais et croquants, et contrasteront avec le moelleux de l'ananas et du poulet.

# Poulet aux tomates et aux olives

*Protection cardiaque*

***Pour 4 personnes***
***Préparation : 10 minutes***
***Cuisson : 20 minutes***

**Ingrédients :** 2 paquets de shiratakis de konjac ; 400 g de blancs de poulet ; 1 poivron vert ; 2 gros oignons ; 200 g de coulis de tomate ; 8 olives noires dénoyautées ; 2 c. à s. de basilic ciselé ; sel, poivre.

- Égouttez les shiratakis dans une passoire et rincez-les sous un filet d'eau froide. Plongez-les 1 minute dans une casserole d'eau frémissante puis égouttez à nouveau.
- Taillez les blancs de poulet en cubes, coupez le poivron en deux, ôtez les graines puis détaillez-le en bâtonnets. Pelez et émincez les oignons.
- Chauffez un wok ou une sauteuse. Mettez les oignons et les cubes de poulet à dorer. Salez, poivrez, et faites revenir 3 minutes en remuant de temps en temps.
- Ajoutez le poivron, les olives, le coulis de tomate et couvrez. Poursuivez la cuisson pendant 10 minutes sur feu moyen.
- Incorporez les shiratakis et laissez cuire 5 minutes en mélangeant de temps en temps. Juste avant de servir, parsemez de basilic ciselé.

**L'astuce magique**

Les gourmands rajouteront un voile de parmesan râpé au moment de servir… Les plus raisonnables pourront glisser quelques champignons de Paris émincés dans la poêle en même temps que les oignons et le poulet.

# Sauté de bœuf « Chaud devant »

*Antifatigue*

***Pour 4 personnes***
***Préparation : 15 minutes***
***Cuisson : 15 minutes***

**Ingrédients :** 2 paquets de shiratakis de konjac ; 200 g de filet de bœuf ; 250 g de tomates-cerises ; 1/4 de chou chinois ; 250 g de germes de soja ; 2 c. à s. de sauce soja douce ; 2 c. à s. de jus de citron ; 1 oignon blanc ; 2 gousses d'ail ; 2 c. à s. d'huile d'olive.

- Égouttez les shiratakis et rincez-les sous un filet d'eau froide. Plongez-les 1 minute dans une casserole d'eau bouillante puis égouttez à nouveau.
- Émincez la viande en lanières. Pelez et émincez l'oignon, pelez et pressez les gousses d'ail. Coupez les tomates-cerises en deux. Rincez le chou chinois et émincez-le en fines lanières, taillées dans le sens de la largeur.
- Chauffez l'huile dans un wok ou une sauteuse, faites revenir l'ail et l'oignon pendant 2 minutes sur feu vif. Ajoutez les lanières de bœuf et faites-les dorer 3 minutes, toujours sur feu vif. Réservez dans une assiette.
- Faites alors revenir les lanières de chou chinois pendant 5 minutes. Ajoutez la sauce soja, le jus de citron, les germes de soja et laissez cuire encore 5 minutes.
- Ajoutez la viande, les tomates et les shiratakis, réchauffez rapidement et servez aussitôt.

**L'astuce magique**

Que diriez-vous d'ajouter au dernier moment quelques feuilles de menthe ciselée ?

# SAUTÉ DE FOIES DE VOLAILLE

*Anti-infections, super-rassasiant*

***Pour 4 personnes***
***Préparation : 10 minutes***
***Cuisson : 25 minutes***

**Ingrédients :** 2 paquets de shiratakis de konjac ; 300 g de fleurettes de brocoli ; 3 tomates ; 300 g de foies de volaille ; 2 c. à s. d'huile d'olive ; sel, poivre.

- Rincez les tomates, coupez-les en quartiers en ôtant les pépins puis détaillez la chair en dés. Plongez les fleurettes de brocoli 5 minutes dans une casserole d'eau bouillante, égouttez et rafraîchissez sous un filet d'eau glacée.
- Égouttez les shiratakis dans une passoire et rincez-les sous un filet d'eau froide. Plongez-les 1 minute dans une casserole d'eau frémissante puis égouttez à nouveau.
- Coupez les foies de volaille en morceaux, chauffez une poêle antiadhésive et faites-les revenir 8 minutes environ en remuant. Salez, poivrez. Ajoutez les dés de tomates, laissez cuire encore 5 minutes. Mélangez avec les shiratakis et le brocoli.

**L'astuce magique**

Si vous voulez donner un air plus raffiné à cette recette, remplacez les tomates par 300 g de tomates-cerises coupées en deux.

# Shiratakis à l'indienne

*Anticholestérol, anti-douleurs digestives*

***Pour 4 personnes***
***Préparation : 15 minutes***
***Cuisson : 20 minutes environ***

**Ingrédients :** 2 paquets de shiratakis de konjac ; 200 g de blancs de poulet ; 1 gros oignon ; 6 abricots secs ; 1 c. à c. de curry.

- Coupez le poulet en petits cubes. Pelez et émincez l'oignon.
- Chauffez une sauteuse antiadhésive, faites dorer les cubes de poulet. Ajoutez l'oignon, les abricots secs coupés en deux, ½ verre d'eau, le curry, couvrez et laissez cuire 10 minutes. Ôtez ensuite le couvercle de façon à laisser l'eau s'évaporer.
- Égouttez les shiratakis dans une passoire et rincez-les sous un filet d'eau froide. Plongez-les 1 minute dans une casserole d'eau frémissante et égouttez à nouveau, ajoutez la poêlée et mélangez rapidement.

**☆ L'astuce magique**

Si vous n'aimez pas les saveurs sucrées salées, remplacez les abricots secs par des dés de carottes.

# Shiratakis à la forestière

*Riches en fibres*

***Pour 4 personnes***
***Préparation : 10 minutes***
***Cuisson : 20 minutes***

**Ingrédients :** 2 paquets de shiratakis de konjac ; 20 cl de crème de soja ; 2 c. à s. de parmesan râpé ; 2 tranches de jambon cru ; 450 g de mélange de champignons surgelés (type « mélange forestier ») ; 1 c. à s. de persil ciselé ; poivre.

- Faites décongeler le mélange de champignons selon les indications du paquet (10 minutes environ à la poêle). Incorporez la crème, le persil, poivrez, puis ajoutez les tranches de jambon dégraissées et coupées en lanières.
- Égouttez les shiratakis dans une passoire et rincez-les sous un filet d'eau froide. Plongez-les 1 minute dans une casserole d'eau frémissante puis égouttez à nouveau. Ajoutez-les à la poêlée de champignons, mélangez rapidement et servez, parsemé de parmesan.

**L'astuce magique**

La composition des « mélanges forestiers » varie selon les marques. Généralement, ils sont constitués de pleurotes, de lentins, de pholiotes, de bolets, de cèpes… À défaut, vous pouvez aussi utiliser 300 g de champignons de Paris mis à suer dans une poêle.

# SHIRATAKIS AUX BOULETTES LIGHT

*Digestion facile*

***Pour 4 personnes***
***Préparation : 10 minutes***
***Cuisson : 26 minutes***

**Ingrédients :** 2 paquets de shiratakis de konjac ; 400 g de blancs de poulet ; 1 œuf ; 1 c. à s. de son d'avoine ; 1 boîte de tomates concassées ; ½ c. à c. de cumin ; 1 c. à s. de coriandre ciselée ; 1 gousse d'ail ; 1 oignon ; sel, poivre.

- Égouttez les shiratakis dans une passoire et rincez-les sous un filet d'eau froide. Plongez-les 1 minute dans une casserole d'eau frémissante puis égouttez à nouveau.
- Pelez et hachez l'ail et l'oignon. Mettez les tomates concassées dans une casserole avec l'ail et l'oignon, et laissez mijoter à feu doux 15 minutes en remuant de temps en temps.
- Hachez le poulet, mélangez-le avec le son d'avoine, l'œuf, le cumin, la coriandre, du sel et du poivre. Formez des boulettes et déposez-les dans la sauce tomate bien séparées les unes des autres. Laissez mijoter 10 minutes. Servez avec les shiratakis.

**L'astuce magique**

Selon vos goûts, parfumez les boulettes avec du ras-el-hanout, un peu de quatre-épices…

# Shiratakis croquants

*Minceur, équilibrés*

***Pour 4 personnes***
***Préparation : 10 minutes***
***Cuisson : 11 minutes environ***

**Ingrédients :** 2 paquets de shiratakis de konjac ; 2 belles courgettes ; 2 tranches de jambon blanc découenné dégraissé ; ½ pot de fromage à l'ail et aux fines herbes (allégé) ; 3 c. à s. d'amandes effilées ; sel, poivre.

- Ôtez les extrémités des courgettes, coupez-les en cubes et faites-les cuire 10 minutes à l'eau bouillante salée. Mixez-les avec le fromage à l'ail et aux fines herbes, jusqu'à ce que la préparation soit bien lisse.
- Faites dorer les amandes quelques instants dans une poêle antiadhésive, sans les laisser noircir. Coupez les tranches de jambon en lanières.
- Égouttez les shiratakis dans une passoire et rincez-les sous un filet d'eau froide. Plongez-les 1 minute dans une casserole d'eau frémissante et égouttez à nouveau. Mélangez avec la sauce, les lanières de jambon et parsemez d'amandes effilées.

**L'astuce magique**

Avec leur sauce super-onctueuse et leurs amandes croquantes, ces shiratakis remportent tous les suffrages. Vous pouvez remplacer le jambon par des dés de blanc de poulet, des moules…

# SHIRATAKIS FAÇON TAJINE

*Digestion facile*

***Pour 4 personnes***
***Préparation : 15 minutes***
***Cuisson : 30 à 45 minutes***

**Ingrédients :** 2 paquets de shiratakis de konjac ; 400 g d'escalope de dinde ; 1 courgette ; 1 carotte ; 1 oignon ; 2 c. à s. d'huile d'olive ; ½ c. à c. de cumin en poudre ; ½ c. à c. de ras-el-hanout.

- Égouttez les shiratakis et rincez-les sous un filet d'eau froide. Plongez-les 1 minute dans une casserole d'eau bouillante puis égouttez à nouveau.
- Coupez la viande en cubes. Épluchez la carotte. Rincez la courgette, coupez les extrémités puis recoupez-la en cubes ainsi que la carotte.
- Épluchez et hachez l'oignon. Chauffez l'huile dans un plat à tajine ou une cocotte avec un couvercle, faites revenir l'oignon avec les cubes de dinde et laissez dorer 5 minutes. Poudrez de cumin et de ras-el-hanout. Versez de l'eau à hauteur. Couvrez, laissez mijoter 30 minutes. Rajoutez les cubes de courgette et de carotte, faites cuire encore 10 minutes et servez avec les shiratakis de konjac.

**☆ L'astuce magique**

Dans cette recette, le konjac remplace les pommes de terre ou la semoule qui accompagnent traditionnellement les tajines. Résultat : une addition calorique vraiment rikiki !

# Shiratakis Sud-Ouest

*Express, protection cardiaque*

***Pour 4 personnes***
***Préparation : 5 minutes***
***Cuisson : 4 minutes environ***

**Ingrédients :** 2 paquets de shiratakis de konjac ; 300 g d'aiguillettes de canard ; 2 échalotes ; 2 c. à s. de ciboulette ciselée ; sel, poivre.

- Égouttez les shiratakis dans une passoire et rincez-les sous un filet d'eau froide. Plongez-les 1 minute dans une casserole d'eau frémissante puis égouttez à nouveau.
- Détaillez les aiguillettes en petits tronçons de 1 cm. Pelez et émincez les échalotes, chauffez une sauteuse antiadhésive et faites-les revenir. Ajoutez le canard et laissez dorer 3 minutes. Salez, poivrez.
- Ajoutez les shiratakis, poivrez et parsemez de ciboulette au moment de servir.

**L'astuce magique**

Attention, cuisson express pour les aiguillettes : finement taillées et très maigres, elles deviennent sèches si on les laisse trop longtemps sur le feu. Vous pouvez ajouter des champignons ou des choux de Bruxelles.

# Vermicelles cantonais

*Super-rassasiants*

***Pour 4 personnes***
***Préparation : 10 minutes***
***Cuisson : 20 minutes***

**Ingrédients :** 2 paquets de shiratakis de konjac ; 100 g de tranches de filet de bacon ; 2 œufs ; 1 gousse d'ail ; 200 g de crevettes cuites et décortiquées ; 100 g de petits pois frais ou surgelés ; 1 c. à s. de ciboulette ciselée.

- Égouttez les shiratakis dans une passoire et rincez-les sous un filet d'eau froide. Plongez-les 1 minute dans une casserole d'eau frémissante puis égouttez à nouveau.
- Pendant ce temps, cassez les œufs, battez-les avec du sel et faites-les cuire en omelette dans une poêle antiadhésive. Ôtez du feu et laissez refroidir sur une assiette.
- Pelez et émincez l'ail. Coupez le bacon en lanières. Chauffez une poêle antiadhésive et ajoutez l'ail. Laissez revenir 30 secondes, puis ajoutez les petits pois et le bacon. Au bout de 5 minutes, ajoutez les crevettes. Coupez l'omelette en dés, ajoutez-les à la poêlée puis incorporez les shiratakis et parsemez de ciboulette.

**L'astuce magique**

Grâce au filet de bacon, la recette est très light : rien à voir avec la teneur en gras des lardons ! Si vous l'aimez, ajoutez 1 c. à s. de gingembre frais râpé.

# Mes petits légumes super-coupe-faim

# Carottes confites au konjac

## *Belle peau*

***Pour 4 personnes***
***Préparation : 10 minutes***
***Cuisson : 20 minutes***

**Ingrédients :** 1 bloc de konjac ; 600 g de carottes ; 1 oignon ; 1 gousse d'ail ; 2 c. à s. d'huile d'olive ; ½ c. à c. de graines de cumin ; 1 pincée de quatre-épices ; sel, poivre.

- Égouttez le konjac dans une passoire et rincez-le sous un filet d'eau froide. Plongez-le 1 minute dans une casserole d'eau frémissante puis égouttez à nouveau et coupez-le en cubes.
- Épluchez les carottes, coupez-les en rondelles. Épluchez l'oignon et la gousse d'ail, hachez-les finement.
- Chauffez l'huile dans une cocotte, faites revenir le hachis d'oignon et d'ail puis ajoutez les carottes. Saupoudrez avec les épices, salez, poivrez, et laissez revenir quelques minutes en remuant.
- Ajoutez le konjac, mélangez, versez un verre d'eau et laissez cuire 15 minutes environ sur feu vif, jusqu'à ce que le liquide soit évaporé.

**✮ L'astuce magique**

Si vous aimez les saveurs acidulées, versez le jus de ½ citron au moment d'ajouter le konjac. Servez cet accompagnement avec un blanc de poulet grillé.

# Gratin du potager

*Super-rassasiant*

***Pour 4 personnes***
***Préparation : 10 minutes***
***Cuisson : 30 minutes***

**Ingrédients :** 1 bloc de konjac ; 40 g de farine ; 40 cl de lait demi-écrémé (ou de soja) ; 3 carottes ; 3 courgettes ; 1 c. à c. d'herbes de Provence ; 2 c. à s. de parmesan râpé ; sel, poivre.

- Égouttez le konjac et rincez-le sous un filet d'eau froide. Plongez-le 1 minute dans une casserole d'eau bouillante et égouttez à nouveau. Coupez-le en cubes.
- Épluchez les carottes, rincez-les ainsi que les courgettes et coupez-les en cubes.
- Faites cuire les carottes à l'eau bouillante salée pendant 10 minutes, puis ajoutez les courgettes et cuisez encore 5 minutes. Égouttez.
- Délayez la farine dans un peu de lait et chauffez le reste dans une casserole. Dès qu'il frémit, versez le mélange lait-farine et faites cuire 5 minutes environ sur feu doux en mélangeant, de façon à obtenir une sauce fluide. Salez, poivrez.
- Ajoutez les cubes de konjac et de légumes, mélangez pour bien les enrober de sauce et versez le tout dans un plat à four. Recouvrez de parmesan, parsemez d'herbes et faites gratiner 10 minutes.

**L'astuce magique**

Pas de courgettes à portée de main ? Remplacez-les par des salsifis en boîte égouttés. Dans ce cas, pas besoin de les faire cuire.

# Green shiratakis

*Anticholestérol, le plein de fibres*

***Pour 4 personnes***
***Préparation : 10 minutes***
***Cuisson : 15 minutes***

**Ingrédients :** 2 paquets de shiratakis de konjac ; 200 g de petits pois ; 200 g de haricots verts ; 1 avocat ; 2 gousses d'ail ; 1 citron ; sel, poivre.

- Faites cuire les petits pois 12 à 15 minutes à l'eau bouillante salée jusqu'à ce qu'ils soient tendres. Égouttez. Faites cuire les haricots verts de même pendant 8 à 10 minutes. Égouttez et coupez-les en tronçons.
- Mixez la chair de l'avocat avec un trait de jus de citron, les gousses d'ail pelées et coupées en morceaux et du poivre.
- Égouttez les shiratakis dans une passoire et rincez-les sous un filet d'eau froide. Plongez-les 1 minute dans une casserole d'eau frémissante et égouttez à nouveau. Mélangez les shiratakis avec la crème d'avocat, les petits pois et les haricots verts.

**L'astuce magique**

Ces shiratakis offrent une foule de textures différentes : croquant des petits pois, onctuosité de l'avocat, fondant des pâtes. Vous pouvez les servir avec un poisson blanc cuit à la vapeur.

# MIJOTÉ DE KONJAC AUX AUBERGINES ET AUX TOMATES

*Anticholestérol*

***Pour 4 personnes***
***Préparation : 10 minutes***
***Cuisson : 21 minutes***

**Ingrédients :** 2 paquets de shiratakis de konjac ; 1 oignon ; 6 tomates pelées ; 2 aubergines ; 2 c. à s. d'olives vertes dénoyautées ; poivre.

- Épluchez et émincez l'oignon. Coupez les aubergines en cubes. Mettez-les dans une grande casserole avec les tomates coupées en morceaux, les olives vertes taillées en rondelles, l'oignon et du poivre. Couvrez et laissez cuire 20 minutes en mélangeant de temps en temps.
- Égouttez les shiratakis de konjac dans une passoire et rincez-les sous un filet d'eau froide. Plongez-les 1 minute dans une casserole d'eau frémissante puis égouttez à nouveau. Ajoutez les shiratakis à la préparation et mélangez délicatement.

**L'astuce magique**

Ne salez pas : les olives s'en occupent !

# Mini-flans à la ratatouille

*Super-rassasiants*

***Pour 8 ramequins***
***Préparation : 10 minutes***
***Cuisson : 30 minutes***

**Ingrédients :** 1 bloc de konjac ; 1 grande boîte de ratatouille ; 4 œufs ; 1 c. à c. d'herbes de Provence ; 40 g de son d'avoine ; sel, poivre.

- Égouttez le konjac et rincez-le sous un filet d'eau froide. Plongez-le 1 minute dans une casserole d'eau frémissante et égouttez à nouveau. Coupez-le en cubes.
- Battez les œufs avec les herbes, le son d'avoine, du sel et du poivre. Ajoutez la ratatouille et les cubes de konjac.
- Préchauffez le four th. 7 (210 °C). Huilez des ramequins individuels, versez la préparation et faites cuire 30 minutes.
- Attendez 5 minutes avant de démouler.

**L'astuce magique**

Servez ces mini-flans chauds, en garniture d'un poulet rôti ou d'un poisson cuit au four. Vous pouvez aussi en faire de petites entrées en les présentant sur un lit de roquette. Vous n'êtes pas au régime strict ? Remplacez le son d'avoine par autant de parmesan.

# Poêlée vitaminée

*Antioxydante, stop-infections*

***Pour 4 personnes***
***Préparation : 10 minutes***
***Cuisson : 15 minutes***

**Ingrédients :** 2 paquets de shiratakis de konjac ; 200 g de fleurettes de brocoli ; 20 tomates-cerises ; ¼ d'oignon rouge ; 20 feuilles de basilic ; 2 c. à s. d'huile d'olive ; sel.

- Égouttez les shiratakis dans une passoire et rincez-les sous un filet d'eau froide. Plongez-les 1 minute dans une casserole d'eau frémissante puis égouttez à nouveau.
- Faites cuire les fleurettes de brocolis 8 minutes à la vapeur. Émincez l'oignon rouge. Chauffez l'huile dans une sauteuse et faites revenir l'oignon rouge, les feuilles de basilic et les tomates-cerises, jusqu'à ce qu'elles se fendillent. Salez, ajoutez les fleurettes de brocoli et faites cuire encore 5 minutes. Incorporez les shiratakis et mélangez délicatement.

**L'astuce magique**

Vous pouvez parsemer la poêlée d'une cuillère de graines de sésame. Elle ira parfaitement avec un filet de saumon, une volaille ou une omelette.

# Poêlée de légumes au sésame

*Bonne pour le transit*

***Pour 4 personnes***
***Préparation : 5 minutes***
***Cuisson : 15 minutes***

**Ingrédients :** 1 bloc de konjac ; 1 c. à s. d'huile d'olive ; 1 oignon rouge ; 200 g de fleurettes de brocoli ; 200 g de carottes ; 200 g de pois gourmands ; 2 c. à s. de sauce Sukiyaki* ; 1 c. à s. de graines de sésame.

- Épluchez les carottes, ôtez les extrémités des pois gourmands puis faites-les cuire avec les fleurettes de brocoli 10 minutes à la vapeur.
- Pendant ce temps, égouttez le konjac dans une passoire et rincez-le sous un filet d'eau froide. Plongez-le 1 minute dans une casserole d'eau frémissante puis égouttez à nouveau et coupez-le en cubes. Épluchez et émincez l'oignon rouge.
- Chauffez l'huile dans une sauteuse (ou un wok). Dès qu'elle est chaude, jetez-y l'oignon et les cubes de konjac. Faites revenir le tout 2 minutes en remuant. Arrosez de sauce sukiyaki.
- Quand les légumes sont cuits, ajoutez-les dans la sauteuse. Mélangez, parsemez de graines de sésame et servez.

**☆ L'astuce magique**

Pour aller encore plus vite, utilisez un mélange de légumes surgelés. Pour personnaliser la poêlée, ajoutez quelques lanières de poivrons rouges et des haricots verts. Pas besoin de saler, la sauce sukiyaki s'en charge. Si vous n'en avez pas, remplacez-la par quelques gouttes de sauce soja.

* Voir p. 92.

# Shiratakis à la grecque

*Anticholestérol*

***Pour 4 personnes***
***Préparation : 10 minutes***
***Cuisson : 21 minutes***

**Ingrédients :** 2 paquets de shiratakis de konjac ; 2 aubergines ; 1 gousse d'ail ; 100 g de feta ; 1 c. à s. de ciboulette ciselée ; sel, poivre.

- Rincez les aubergines, détaillez-les en petits dés. Faites-les cuire 20 minutes à la vapeur.
- Égouttez les shiratakis dans une passoire et rincez-les sous un filet d'eau froide. Plongez-les 1 minute dans une casserole d'eau frémissante et égouttez à nouveau. Mélangez avec les aubergines, les dés de feta, l'ail pelé et pressé, et la ciboulette.

**L'astuce magique**

Ces shiratakis peuvent se servir chauds, en garniture d'un poisson grillé, ou froids, en salade.

# Shiratakis à la provençale

*Anticholestérol, digestion facile*

***Pour 4 personnes***
***Préparation : 10 minutes***
***Cuisson : 11 minutes***

**Ingrédients :** 2 paquets de shiratakis de konjac ; 10 gousses d'ail ; 100 g de chèvre frais ; 20 olives noires dénoyautées ; 2 c. à s. de crème de soja ; 1 c. à s. de basilic ciselé ; poivre.

- Pelez les gousses d'ail et faites-les cuire 10 minutes dans une casserole d'eau bouillante. Égouttez-les puis écrasez-les à la fourchette avec la crème.
- Égouttez les shiratakis dans une passoire et rincez-les sous un filet d'eau froide. Plongez-les 1 minute dans une casserole d'eau frémissante et égouttez à nouveau.
- Ajoutez la crème d'ail, les olives, le fromage de chèvre coupé en cubes puis donnez un tour de moulin à poivre et parsemez de basilic.

**L'astuce magique**

La crème d'ail peut aussi s'utiliser comme une tapenade, sur des toasts, relever une vinaigrette, parfumer un poisson cuit vapeur ou un blanc de volaille… Facultatif : ajoutez 2 c. à s. de pignons.

# Shiratakis au bleu

*Bons pour les os, gourmands*

***Pour 4 personnes***
***Préparation : 3 minutes***
***Cuisson : 5 minutes environ***

**Ingrédients :** 2 paquets de shiratakis de konjac ; 50 g de gorgonzola ; 20 cl de crème légère ; 1 poire.

- Coupez le gorgonzola en petits morceaux et chauffez-le quelques instants dans une petite casserole sur feu doux, avec la crème. Laissez mijoter quelques minutes en remuant de façon à obtenir un mélange homogène et onctueux.
- Égouttez les shiratakis dans une passoire et rincez-les sous un filet d'eau froide. Plongez-les 1 minute dans une casserole d'eau frémissante et égouttez à nouveau, mélangez avec la sauce. Coupez la poire en fins quartiers, ôtez les pépins, servez les pâtes dans des assiettes et répartissez-y les quartiers de poires.

**L'astuce magique**

Ou comment se faire vraiment plaisir quand on aime le fromage et qu'on est au régime. Les pâtes bleues étant très fortes en goût, une petite quantité de fromage suffit à parfumer un plat. Les plus gourmands ajouteront quelques éclats de noix.

# Shiratakis au potiron

## *Bonne mine, détox/diurétique*

***Pour 4 personnes***
***Préparation : 10 minutes***
***Cuisson : 26 à 36 minutes***

**Ingrédients :** 2 paquets de shiratakis de konjac ; 400 g de chair de potiron ; ¼ de c. à c. de muscade ; 10 cl de crème de soja ; sel, poivre.

- Préchauffez le four th. 7 (210 °C). Pelez le potimarron et coupez la chair en dés. Étalez dans un plat à four, salez, poivrez, mélangez et faites cuire 25 à 35 minutes, jusqu'à ce que les dés soient tendres.
- Égouttez les shiratakis dans une passoire et rincez-les sous un filet d'eau froide. Plongez-les 1 minute dans une casserole d'eau frémissante et égouttez à nouveau. Remettez-les dans la casserole, ajoutez la crème de soja, les dés de potimarron, la muscade et mélangez rapidement.

**☆ L'astuce magique**

Ajoutez quelques pincées de sauge dans les shiratakis (fraîche ciselée de préférence, ou séchée par défaut). Vous pouvez aussi faire cuire les dés de potiron à la vapeur, mais ils seront plus aqueux et moins savoureux. Autre option, le micro-ondes, 10 minutes dans un plat adapté.

# SHIRATAKIS AUX CHAMPIGNONS

*Super-minceur, reminéralisants*

***Pour 4 personnes***

***Préparation : 5 minutes***

***Cuisson : 8 minutes***

**Ingrédients :** 2 paquets de shiratakis de konjac ; 500 g de champignons de Paris ; 10 cl de crème de soja ; 1 c. à s. de basilic ciselé ; sel.

- Ôtez la base des pieds des champignons, rincez et séchez-les. Coupez-les en quatre. Chauffez une poêle antiadhésive, faites cuire les champignons 5 minutes, le temps qu'ils rendent leur eau et deviennent tendres. Versez la crème, salez et laissez cuire encore 2 minutes.
- Égouttez les shiratakis dans une passoire et rincez-les sous un filet d'eau froide. Plongez-les 1 minute dans une casserole d'eau frémissante et égouttez à nouveau, mélangez avec la sauce. Parsemez de basilic et servez aussitôt.

**☆ L'astuce magique**

Relevez la saveur de la recette en ajoutant 1 c. à c. de moutarde en grains dans la poêlée de champignons.

# Shiratakis au coulis de petits pois

*Bons pour le transit*

***Pour 4 personnes***
***Préparation : 10 minutes***
***Cuisson : 16 minutes***

**Ingrédients :** 2 paquets de shiratakis de konjac ; 300 g de petits pois écossés frais ou surgelés ; 10 cl de crème liquide légère ou de soja ; 200 g de talon de jambon blanc découenné dégraissé ; 1 c. à s. de ciboulette ciselée ; sel, poivre.

- Faites cuire les petits pois 15 minutes à l'eau bouillante salée, jusqu'à ce qu'ils soient bien tendres. Égouttez-les, conservez 4 cuillères à soupe puis mixez finement le reste avec la crème. Allongez avec un peu d'eau de cuisson si besoin, de façon à obtenir la texture d'un coulis. Poivrez.
- Taillez le jambon en petits dés.
- Égouttez les shiratakis dans une passoire et rincez-les sous un filet d'eau froide. Plongez-les 1 minute dans une casserole d'eau frémissante et égouttez à nouveau. Mélangez avec les dés de jambon et les petits pois réservés.
- Mélangez les shiratakis avec le coulis et parsemez de ciboulette.

**L'astuce magique**

Pour un coulis parfaitement fluide et lisse, passez-le à travers une fine passoire, en pressant bien avec le dos d'une cuillère pour extraire le maximum de pulpe.

# Shiratakis aux courgettes

*Confort respiratoire*

***Pour 4 personnes***
***Préparation : 10 minutes***
***Cuisson : 2 minutes environ***

**Ingrédients :** 2 paquets de shiratakis de konjac ; 3 courgettes ; 10 cl de crème de soja ; 1 c. à c. de thym ; sel, poivre.

- Rincez les courgettes et taillez-les en tout petits dés. Plongez-les 1 minute dans une casserole d'eau bouillante salée, égouttez.
- Égouttez les shiratakis dans une passoire et rincez-les sous un filet d'eau froide. Plongez-les 1 minute dans une casserole d'eau frémissante et égouttez à nouveau, mélangez délicatement avec la crème de soja, le thym, du sel, du poivre, puis ajoutez les dés de courgettes et réchauffez quelques instants.

**L'astuce magique**

La crème de soja apporte une saveur très douce à la recette mais vous pouvez la remplacer par de la crème allégée « classique ».

# Shiratakis aux poireaux

*Riches en fibres*

***Pour 4 personnes***
***Préparation : 5 minutes***
***Cuisson : 16 minutes***

**Ingrédients :** 2 paquets de shiratakis de konjac ; 600 g de blancs de poireaux ; 2 c. à s. d'huile d'olive ; 20 cl de crème de soja ; 1 pincée d'herbes de Provence ; sel, poivre.

- Rincez les blancs de poireaux, éliminez les radicelles et coupez-les en fins tronçons (5 mm environ).
- Chauffez l'huile dans une sauteuse. Ajoutez les poireaux, salez, poivrez et faites-les fondre pendant 10 minutes en remuant à l'aide d'une spatule. Versez la crème, les herbes, mélangez, laissez mijoter encore 5 minutes sur feu doux.
- Égouttez les shiratakis de konjac dans une passoire et rincez-les sous un filet d'eau froide. Plongez-les 1 minute dans une casserole d'eau frémissante puis égouttez à nouveau. Nappez de poireaux et servez aussitôt.

**L'astuce magique**

S'il vous reste des verts de poireaux, ne les jetez pas et utilisez-les pour en faire un potage. Cuisez-les avec 2 courgettes (pour le liant), des carottes, des navets, du chou... (10 minutes à l'autocuiseur après rotation de la soupape) puis moulinez le tout au moulin à légumes, qui permet de retenir et d'éliminer les fils.

# SHIRATAKIS AUX POIVRONS

*Anticholestérol, superantioxydants*

***Pour 4 personnes***
***Préparation : 10 minutes***
***Cuisson : 16 minutes***

**Ingrédients :** 2 paquets de shiratakis de konjac ; 1 dosette de safran ; 1 poivron jaune ; 1 poivron rouge ; 1 oignon ; 4 c. à s. de tomates concassées ; 1 gousse d'ail ; 2 c. à s. d'huile d'olive ; sel, poivre.

- Égouttez les shiratakis de konjac dans une passoire et rincez-les sous un filet d'eau froide. Plongez-les 1 minute dans une casserole d'eau frémissante puis égouttez à nouveau. Pelez et émincez l'oignon et l'ail. Coupez les poivrons en deux, ôtez les pépins et recoupez la chair en bâtonnets.
- Chauffez l'huile dans une sauteuse, ajoutez l'ail et l'oignon, puis les poivrons, la dosette de safran, les tomates concassées, salez et poivrez. Laissez mijoter 15 minutes. Ajoutez les shiratakis et mélangez.

**L'astuce magique**

Ces shiratakis colorés seront parfaits avec des brochettes de bœuf grillées.

# Tortilla comme à Osaka

*Protection des yeux*

***Pour 4 personnes***
***Préparation : 5 minutes***
***Cuisson : 6 à 8 minutes***

**Ingrédients :** 1 paquet de shiratakis de konjac ; 6 œufs ; 1 gros oignon rouge ; 1 poivron vert ; sel, poivre.

- Égouttez les shiratakis dans une passoire et rincez-les sous un filet d'eau froide. Plongez-les 1 minute dans une casserole d'eau bouillante puis égouttez à nouveau.
- Pelez et émincez l'oignon rouge. Coupez le poivron en deux, éliminez les graines et recoupez la chair en petits dés. Chauffez une grande poêle antiadhésive et mettez-y l'oignon à dorer 2 minutes. Ajoutez les dés de poivron, salez, poivrez, mélangez avec une spatule en bois, puis ajoutez les shiratakis.
- Battez les œufs en omelette, versez dans la poêle et faites cuire 3 à 5 minutes, le temps que l'omelette prenne. Ôtez du feu et coupez en parts.
- Servez aussitôt avec une salade verte.

**L'astuce magique**

Pour parfaire la note tex-mex, accompagnez la tortilla de sauce salsa (rayon exotique des grandes surfaces). Bien parfumée, cette sauce à la tomate pimentée relève parfaitement les omelettes… avec zéro matière grasse !

# Wok très chou

*Protection anticancer*

***Pour 4 personnes***
***Préparation : 20 minutes***
***Cuisson : 25 minutes***

**Ingrédients :** 2 paquets de shiratakis de konjac ; 300 g de fleurettes de brocoli (fraîches ou surgelées) ; 300 g de fleurettes de chou-fleur (fraîches ou surgelées) ; 100 g de fromage à l'ail et aux fines herbes allégé ; poivre.

- Égouttez les shiratakis dans une passoire et rincez-les sous un filet d'eau froide. Plongez-les 1 minute dans une casserole d'eau bouillante puis égouttez à nouveau.
- Faites cuire les fleurettes de chou-fleur et de brocoli 15 minutes à la vapeur.
- Chauffez le fromage à l'ail et aux fines herbes dans une petite casserole avec un peu d'eau. Mélangez avec les shiratakis et les fleurettes, poivrez et servez.

**L'astuce magique**

Ajoutez quelques tomates-cerises coupées en deux pour une touche de couleur.

# Mes desserts complètement étonnants

# Salade de fruits « tutti konnyaki » d'été

*Super-rassasiante, super-acido-basique*

*Pour 6 à 8 personnes*
*Préparation : 10 minutes*
*Cuisson : 1 minute*
*Repos : 2 heures*

**Ingrédients :** ½ bloc de konjac (blanc) ; 12 abricots ; 3 nectarines jaunes ; 2 poignées de cerises ; 1 petite barquette de fraises ; 1 petit melon ; 1 c. à s. de menthe ciselée ; ½ citron.

- Égouttez le konjac et rincez-le sous un filet d'eau froide. Plongez-le 1 minute dans une casserole d'eau frémissante puis égouttez à nouveau. Coupez-le en petits cubes.
- Rincez les fruits et séchez-les soigneusement. Coupez les abricots en deux. Dénoyautez les cerises. Dénoyautez les nectarines et coupez la chair en dés. Détachez la queue des fraises et recoupez les plus grosses en deux ou en quatre. Ouvrez le melon, ôtez les pépins et coupez la chair en dés, ou mieux, faites-en des boules à l'aide d'une cuillère parisienne.
- Déposez le tout avec la menthe et le konjac dans un saladier. Arrosez avec le jus du citron, mélangez et couvrez de film étirable. Laissez reposer 2 heures minimum au réfrigérateur.

**☆ L'astuce magique**

Laissez bien reposer la salade, les saveurs des fruits ont ainsi le temps de se mêler et d'imprégner le konjac. Et n'hésitez pas à la préparer en quantité : elle sera encore meilleure le lendemain. Pour le konjac, choisissez-le blanc plutôt que brun, sa saveur se fondra ainsi parfaitement dans la salade.

# Salade de fruits « Tutti Konnyaki » d'hiver

*Super-antioxydante, anticystite*

***Pour 6 à 8 personnes***
***Préparation : 10 minutes***
***Cuisson : 1 minute***
***Repos : 2 heures***

**Ingrédients :** ½ bloc de konjac (blanc) ; 1 mangue ; 3 pommes ; 1 grappe de raisin rouge ; 1 grappe de raisin blanc ; 2 poires ; 6 pruneaux dénoyautés ; 4 c. à s. de cranberries séchées (rayon fruits secs) ; ½ citron.

- Égouttez le konjac et rincez-le sous un filet d'eau froide. Plongez-le 1 minute dans une casserole d'eau frémissante puis égouttez à nouveau. Coupez-le en petits cubes.
- Rincez le raisin et les pommes et séchez-les. Détachez les grains de raisin de leurs grappes. Coupez les pommes en dés, sans les peler. Pelez les poires et taillez-les également en dés. Pelez la mangue, ôtez le noyau puis coupez la chair en dés.
- Mélangez le tout, ainsi que le konjac, les cranberries et le jus de citron dans un saladier. Couvrez de film étirable. Laissez reposer 2 heures au réfrigérateur minimum.

**L'astuce magique**

Vous pouvez troquer les pruneaux contre des figues séchées, réhydratées dans du thé très chaud : elles redeviendront tendres et moelleuses. Quant aux cranberries, petites baies roses originaires d'Amérique du Nord, elles sont gorgées d'antioxydants bénéfiques à la santé et leur saveur acidulée vaut le détour ! Pour le konjac, choisissez-le blanc plutôt que brun, sa saveur se fondra ainsi parfaitement dans la salade.

# ANNEXES

## Études, sources et références

Alvarez-Manceñido F et al. Characterization of diffusion of macromolecules in konjac glucomannan solutions and gels by fluorescence recovery after photobleaching technique. *International Journal of Pharmacy*, 2006.

Anon. Evaluation of certain food additives and contaminants. Forty-sixth report of the Joint FAO/WHO Expert Committee on Food Additives. *World Health Organization Technical Reporting Service*, 1997.

Anon. *Glucomannan.* In: DerMarderosian A, Beutler JA, eds. Facts and Comparisons: The Review of Natural Products. St. Louis, MO, Facts and Comparisons. August 1995.

Arvill A. et al. Effect of short term ingestion of Konjac glucomannan on serum cholesterol in healthy men, *Am. J. Clin. Nutr.*, 1995.

Birketvedt GS et al. Experiences with three different fiber supplements in weight reduction. *Medical Science Monitor*, 2005.

Boban PT et al. Hypolipidaemic [sic] effect of chemically different mucilages in rats: a comparative study. *British Journal of Nutrition*, 2006.

Bouhnik Y et al. The capacity of short-chain fructo-oligosaccharides to stimulate faecal bifidobacteria: a dose-response relationship study in healthy humans. *Nutr J.*, 2006.

Breitman P. et al. Impact of meal replacement viscosity on appetite and ad-libitum food consumption in normal weight adolescents *(8th Annual Canadian Diabetes Association – CDA)*, October, 2004.

Cairella M et al. Evaluation of the action of glucomannan on metabolic parameters and on the sensation of satiation in overweight and obese patients. *Clinical Therapeutics*, 1995.

Carman, R.J. et al.In vitro fermentation of konjac flour FW-KON by human fecal flora. (FMC Report No. 194-1976) from TechLab. Inc., Blacksburg, Virginia, USA. 1995.

Cavaglieri CR et al. Differential effects of short-chain fatty acids on proliferation and production of pro- and anti-inflammatory cytokines by cultured lymphocytes. *Life Sci.*, 2003.

Chen HL et al. Konjac acts as a natural laxative by increasing stool bulk and improving colonic ecology in healthy adults. *Nutrition*, 2006.

Chen HL et al. Konjac supplement alleviated hypercholesterolemia and hyperglycemia in type 2 diabetic subjects--a randomized double-blind trial. *J Am Coll Nutr.*, 2003.

Chen HL et al. Supplementation of konjac glucomannan into a low-fiber Chinese diet promoted bowel movement and improved colonic ecology in constipated adults: a placebo-controlled, diet-controlled trial. *J Am Coll Nutr.*, 2008

Chua M. et al. Traditional uses and potential health benefits of Amorphophallus konjac K. Koch ex N.E.Br. *J Ethnopharmacol.*, 2010 Mar & Epub 2010 Jan.

Doi, K. et al. Influence of dietary fiber (konjac mannan) on absorption of vitamin B12 and vitamin E. *Tohoku J. Exp. Med.*, 1983.

Ezli AD, Bayraktaroglu T, Orhan Y. The use of konjac glucomannan to lower serum thyroid hormones in hyperthyroidism. *J Am Coll Nutr.*, 2007.

Frieri G et al. Management of colonic diverticular disease. *Digestion*, 2006.

Gallaher DD et al. À glucomannan and chitosan fiber supplement decreases plasma cholesterol and increases cholesterol excretion in overweight normocholesterolemic humans. *J Am Coll Nutr.*, 2002.

Gaudry P. Glucomanna diet tablets [letter]. *Med J Aust.*,1985.

Henry DA, Mitchell AS, Aylard J, et al. Glucomannan and risk of oesophageal obstruction. *Br Med J (Clin Res Ed)*, 1986.

Holt S. et al Effect of gel fibre on gastric emptying and absorption of glucose and paracetamol. *Lancet*, 1983.

Hopman WP et al. Glucomannan prevents postprandial hypoglycaemia in patients with previous gastric surgery. *Gut.*, 1988.

Huang CY et al. Effect of Konjac food on blood glucose level in patients with diabetes. *Biomed Environ Sci.*, 1990.

Keithley J et al. Glucomannan and obesity: a critical review. *Altern Ther Health Med.*, 2005.

Kim E et al., The relationship between viscosity of dietary fibers and their hypoglycaemic effects, *Kor. J. Nutr.*, 1996.

Kimata H. Improvement of atopic dermatitis and reduction of skin allergic responses by oral intake of konjac ceramide.*Pediatr Dermatol.*, 2006.

Kitamoto N et al. Bactericidal effects of konjac fluid against enterohemorrahgic Escherichia coli O 157: H7. *Journal of the Japanese Journal of Food Chemistry*, 2000.

Kitamoto N et al. Bactericidal effects of konjac fluid on several food-poisoning bacteria. *J Food Prot*, 2003.

Li B et al. Grain-size effect on the structure and antiobesity activity of konjac flour. *J Agric Food Chem.*, 2005.

Lin J. et al. Effect of konjac polysaccharide on levels of leptin and Na+ -K+-ATPase of mice treated with high fat. *Wei Sheng Yan Jiu.*, 2009.

Liu X et al. Restoring the skin from traumatism by means of collagen-konjac glucomannan-chondroitin sulfate blend film. *Sheng Wu Yi Xue Gong Cheng Xue Za Zhi*, 2005.

Livieri C et al. The use of highly purified glucomannanbased fibers in childhood obesity. *Pediatric Medicine and Surgery*, 1992.

Loening-Baucke et al. Fiber (glucomannan) is beneficial in the treatment of childhood constipation. *Pediatrics*, 2004.

Lu XJ et al. Effect of Amorphophallus Konjac oligosaccharides on STZ-induced diabetes model of isolated islets. *Life Sci.*, 2002.

Mao CP et al. Effects of konjac extract on insulin sensitivity in high fat diet rats. *Acta Pharmacol Sin.*, 2002.

Marsicano LJ et al. Use of glucomannan dietary fiber in changes in intestinal habit. *G E N*, 1995.

Martino F et al. Effect of dietary supplementation with glucomannan on plasma total cholesterol and low density lipoprotein cholesterol in hypercholesterolemic children. *Nutr Metab Cardiovasc Dis.*, 2005.

Matsuura Y.Degradation of konjac glucomannan by enzymes in human feces and formation of short-chain fatty acids by intestinal anaerobic bacteria. *J Nutr Sci Vitaminol.*, 1998.

McCarty M.F., Glucomannan minimizes the postprandial insulin surge: a potential adjuvant for hepatothermic therapy. *Med. Hypotheses*, 2002.

Nakano M, Takikawa K, Arita T. Release characteristics of dibucaine dispersed in konjacgels. *Journal of Biomedical Materials Research*, 1979.

Nishinari, K. et al. Review of the physicochemical characteristics and properties of konjac mannan.*Food Hydrocolloids*, 1992.

Niwa T et al. Cis-N-(p-Coumaroyl)serotonin from Konnyaku, Amorphophallus konjac K. Koch. *Biosci Biotechnol Biochem.*, 2000.

Oomizu S, Onishi N, Suzuki H, et al. Oral administration of pulverized Konjacglucomannan prevents the increase of plasma immunoglobulin E and immunoglobulin Glevels induced by the injection of syngeneic keratinocyte extracts in BALB/c mice.*Clinical and Experimental Allergy*, 2006.

Passaretti S et al. Action of glucomannans on complaints in patients affected with chronic constipation: a multicentric clinical evaluation. *Ital J Gastroenterol.*, 1991.

Pittler MH et al. Dietary supplements for body-weight reduction: a systematic review. *American Journal of Clinical Nutrition*, 2004.

Pylkas AM et al. Comparison of different fibers for in vitro production of short chain fatty acids by intestinal microflora. *J Med Food*, 2005.

Reffo G.C. et al., Double-blind evaluation of glucomannan versus placebo in postinfarcted patients after cardiac rehabilitation. *Curr. Res. Ther.*, 1990.

Reffo GC. Glucomannan in hypertensive outpatients: pilot clinical trial. *Curr Ther Res.*, 1988.

Sharp R et al. Effect of short-chain carbohydrates on human intestinal bifidobacteria and Escherichia coli in vitro. *J Med Microbiol.*, 2001.

Shilpi JA et al. Analgesic activity of Amorphophallus campanulatus tuber. *Fitoterapia*, 2005.

Shima K et al. Effect of dietary fiber, glucomannan, on absorption of sulfonylurea in man. *Hormone and Metabolic Research*, 1983.

Shimizu H et al. Effects of dietary konjac mannan on serum and liver cholesterol levels and biliary bile acid composition in hamsters. *Journal of Pharmacobiodynamics*, 1991.

Signorelli P, Croce P, Dede A. Clinical study on the use of a glucomannan and lactulose association in pregnancy constipation [in Italian; English abstract]. *Minerva Ginecol.*, 1996.

Sood N, Baker WL, Coleman CI. Effect of glucomannan on plasma lipid and glucose concentrations, body weight, and blood pressure: systematic review and meta-analysis. *Am J Clin Nutr.*, 2008.

Staiano A et al. Effect of the dietary fiber glucomannan on chronic constipation in neurologically impaired children. *J Pediatr.*, 2000.

Terasawa et al. Thc effect of Konjac flour on the blood Lipids in elderly subjects. *Eiyogaku Zasshi*, 1979.

Vanderbeek PB et al. Esophageal obstruction from a hygroscopic pharmacobezoar containing glucomannan. *Clinical Toxicology (Philadelphia)*, 2007.

Vasques CA et al. Evaluation of the pharmacotherapeutic efficacy of Garcinia cambogia plus Amorphophallus konjac for the treatment of obesity.*Phytother Res.*, 2008.

Venter CS, Kruger HS, Vorster HH, et al. The effects of dietary fiber component konjac-glucomannan on serum cholesterol levels of hypercholesterolemic subjects. *Hum Nutr Food Sci Nutr.*,1987.

Vido L et al. Childhood obesity treatment: double blinded trial on dietary fibres (glucomannan) versus placebo. *Padiatr Padol.*, 1993.

Vita P.M. et al. Chronic use of glucomannan in the dietary treatment of severe obesity. *Minerva Med.*, 1992.

Vuksan et al. Konjac-mannan (glucomannan) improves glycemia and other associated risk factors for coronary heart disease in type 2 diabetes. À randomized controlled metabolic. *Diabetes Care*, 1999.

Vuksan V et al. Beneficial effects of viscous dietary fiber from konjac-mannan in subjects with the insulin resistance syndrome: results of a controlled metabolic trial. *Diabetes Care*, 2000.

Vuksan V et al. Konjac-Mannan and American ginsing: emerging alternative therapies for type 2 diabetes mellitus. *J Am Coll Nutr.*, 2001.

Vuksan V. et al. Three-week consumption of a highly viscous dietary fiber blend results in improvements in insulin sensitivity and reduction in body fat (64th Annual Meeting of the American Diabetes Association, 2004).

Walsh D.E. et al. Effect of glucomanan on obese patients: a clinical study. *Int. Obes.*, 1984.

Wang B et al. Konjac glucomannan-collagen-chitosan blend films. *Sheng Wu Yi Xue Gong Cheng Xue Za Zhi*, 2006.

Woo GH, Shibutani M, Kuroiwa K, et al. Lack of preventive effects of dietary fibers orchlorophyllin against acrylamide toxicity in rats. *Food Chemistry and Toxicology.*Epublished ahead of print. February 17, 2007.

Wu J et al. Comparison of hypolipidemic effect of refined konjac meal with several common dietary fibers and their mechanisms of action. *Biomedical and Environmental Science,* 1997.

Xiu JH et al. Molecular identification and genetic diversity in Konnyaku's soft rot bacteria. *Wei Sheng Wu Xue Bao*, 2006.

Yeh SL et al. Inhibitory Effects of a Soluble Dietary Fiber from Amorphophallus konjac on Cytotoxicity and DNA Damage Induced by Fecal Water in Caco-2 Cells. *Planta Med.*, 2007.

Yoshida M et al. Effect of plant sterols and glucomannan on lipids in individuals with and without type II diabetes. *Eur J Clin Nutr.*, 2006.

Zhang MY et al. The effect of foods containing refined Konjac meal on human lipid metabolism. *Biomed Environ Sci.*, 1990.

Zhang Y et al. Study on preparation of konjac glucomannan-hydroxypropyl methyl cellulose compression coated tablets for colonic delivery and in vitro release. *Zhongguo Zhong Yao Za Zhi*, 2006.

# Info technique

## POUR ALIMENTER LA CONVERSATION PENDANT UN DÎNER

Le glucomannane possède le poids moléculaire le plus lourd connu à ce jour. Il se situe entre 200 000 et 2 000 000 Daltons. C'est l'unité de mesure consacrée. 1 Dalton correspond à la masse d'un atome d'hydrogène (soit 1,66 ´ 10-27 kg). Rien à voir avec les Dalton, mais plutôt avec John Dalton (1766-1844), inventeur de la théorie atomique de la matière. Le Dalton (Da) = unité de masse atomique (UMA).

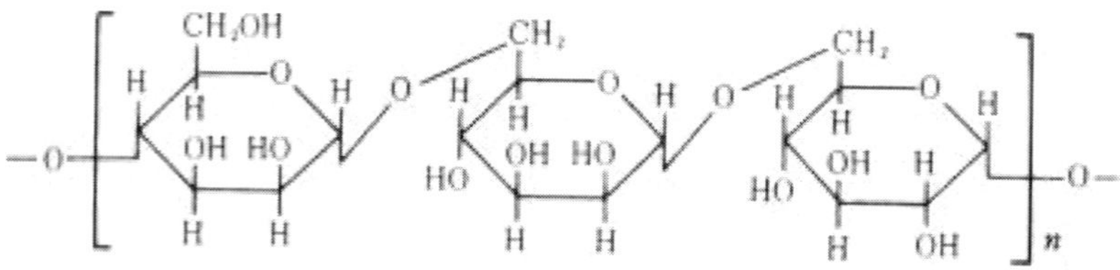

*Structure moléculaire du glucomannane extrait du konjac*

# Statut réglementaire du konjac

## EUROPE

Approuvé par l'Union Européenne # L295127, E-425. Listé sous E425, Annex V, food additives, 1998, UE.

## USA – CANADA

Approuvé par la FDA comme bon pour la santé. Health Canada l'a approuvé comme un ingrédient dans l'alimentation au Canada. Listé sur le FCC (*Food chemical codex*), 4e édition, 1996, États-Unis.

# TABLE DES MATIÈRES

Achevé d'imprimer en avril 2012
sur les presses de la Nouvelle Imprimerie Laballery
58500 Clamecy
Dépôt légal : avril 2012
Numéro d'impression : 204214

*Imprimé en France*

La Nouvelle Imprimerie Laballery est titulaire de la marque Imprim'Vert®

Des mêmes auteurs, aux éditions Leduc.s

## Brûle-graisses

Avant, il y avait les régimes brûle-graisses hyper-déséquilibrés et hypo-caloriques. Dans le meilleur des cas, on perdait des kilos (de muscles et d'eau) pour les récupérer à toute vitesse… en graisses dès la reprise d'une alimentation normale.

Mais maintenant, avec ce programme en 30 jours, vous mangez équilibré et suffisamment. Ce guide « coach » vous prend en charge du matin au soir avec des menus express hyper-simples et rapides, des idées de collations, des trucs pour perdre des calories sans y penser et la liste de vos courses de la semaine !

Prix : 16,50 euros
Format : 16 x 22,5 cm
Pages : 256
ISBN : 978-2-84899-521-2

Pour recevoir notre catalogue, merci de bien vouloir photocopier, recopier ou découper ce questionnaire et nous le retourner complété à :

**Éditions Leduc.s**
**17 rue du Regard**
**75006 Paris**

Vous pouvez aussi répondre au formulaire disponible sur Internet :

**www.editionsleduc.com**

NOM : ..........................................................................................

PRÉNOM : .....................................................................................

ADRESSE : ....................................................................................

..........................................................................................................

CODE POSTAL : ..........................................................................

VILLE : ..........................................................................................

PAYS : ..........................................................................................

ADRESSE@MAIL : .......................................................................

ÂGE : ............................................................................................

PROFESSION : ..............................................................................

Titre de l'ouvrage dans lequel est insérée cette page :

**Mes recettes magiques au konjac et aux shiratakis**

Lieu d'achat : ..............................................................

Avez-vous une suggestion à nous faire ?

...........................................................................

...........................................................................

...........................................................................

À .....................          LE .....................